Neue Zuwanderung aus dem Osten?

Beiträge der Akademie für Migration und Integration

Heft 7

Herausgegeben von der Otto Benecke Stiftung e.V.

Neue Zuwanderung aus dem Osten?

Herausgegeben von Marianne Krüger-Potratz

V&R unipress

Otto Benecke Stiftung e.V.
Akademie für Migration und Integration
Präsident: Dr. Lothar Theodor Lemper
Kennedyallee 105–107
53175 Bonn

Gefördert aus Mitteln des Bundesministeriums für Familie, Senioren, Frauen und Jugend

Bibliographische Information der Deutschen Bibliothek

Die Deutsche Bibliothek verzeichnet diese Publikation in der Deutschen Nationalbibliografie; detaillierte bibliografische Daten sind im Internet über <http://dnb.ddb.de> abrufbar

Layout: V&R unipress GmbH
Druck: Hubert & Co., Göttingen

Gedruckt auf säurefreiem, total chlorfrei gebleichtem Werkdruckpapier.
Alterungsbeständig.
Printed in Germany

ISBN 3-89971-113-0
ISSN 1437-1200

Inhaltsverzeichnis

Marianne Krüger-Potratz

Neue Zuwanderung aus dem Osten? – Szenarien für Zuwanderung und Integration – einige Anmerkungen zur Einführung

Das Forum Migration 2002 hat noch vor den Beschlüssen des Europäischen Rates von Kopenhagen (13. Dezember 2002) stattgefunden. Mehr als 50 Jahre nach dem Zweiten Weltkrieg und nach über einem Jahrzehnt nach Öffnung des »Eisernen Vorhangs« stellten die Beschlüsse von Kopenhagen einen wichtigen Schritt zur Überwindung der Teilung Europas in »West« und »Ost« dar. Ziel des Forums war es, einen Überblick über zu erwartende Migrationsprozesse zu geben, ohne zu vergessen, dass die Ost-West-Migration keineswegs ein neues Phänomen ist und dass schon viele aus Osteuropa Zugewanderte in Deutschland leben bzw. zwischen ihren Herkunftsländern und Deutschland pendeln. Gefragt wurde ferner nach dem Integrationsbedarf und den notwendigen Integrationsangeboten.

Dic Osterweiterung wird – zusammen mit der Währungsunion – als die größte Herausforderung für die EU angesehen. Auffällig ist, dass im Unterschied zu seriösen Studien in den öffentlichen Debatten – besonders in Wahlkampfzeiten – so getan wird, als wäre es das erste Mal, dass neue Mitglieder in die EU aufgenommen würden. Dabei würde die differenzierte Einbeziehung der schon gemeinsamen EU-Erweiterungs-Geschichte zeigen, wie schwierig es ist, Migrationsprozesse vorauszusagen, und wie notwendig es ist, rechtzeitig darüber nachzudenken, wie sich die verschiedenen gesellschaftlichen Bereiche (auch außerhalb von Wirtschaft und Politik) und die in ihnen Tätigen auf die größere EU einstellen sollen. Statt dessen werden vielfach eher Stereotypen bedient und Ängste geschürt, nach dem Motto »Alle wollen zu uns rein«. Dabei dürfte allen Verantwortlichen klar sein, dass es nicht nur um wirtschaftliche Fragen und Fragen der inneren Sicherheit sowie der Sicherung der neuen EU-Ostgrenze geht, sondern dass alle gesellschaftlichen Bereiche in der einen oder anderen Weise von der EU-Erweiterung betroffen sind und dass mit der Osterweiterung nicht nur die Grenzen von Ost nach West durchlässig werden, sondern auch von West nach Ost.

Das Forum Migration 2002 konzentrierte sich auf vier Fragen: (1) Was wird befürchtet bzw. welche Ängste werden geschürt? (2) Was wird erhofft? (3) Was ist längst schon Realität, ohne dass wir es recht wahrnehmen oder gar wissen?, und (4) Worauf müssen wir uns in den verschiedenen Bereichen der Integrationsarbeit vorbereiten? Im Folgenden werden diese vier Fragen – nach einem schnellen Rückblick auf einige wichtige Stationen in dem bisherigen Prozess der Osterweiterung – kurz ausgeführt.

Ein kurzer Blick in die Agenda der Osterweiterung.

Osterweiterung ist ein missverständliches Kürzel. Denn dieser ›Osten‹ zieht sich von Norden – also von den baltischen Staaten über Ost- und Mitteleuropa bis in den Süden – bis nach Zypern und Malta. Nach den bisher geltenden Plänen wird es ein stufenweiser Beitritt mit unterschiedlich langen Übergangszeiten sein. 1993, auf dem Gipfel in Kopenhagen hat die Osterweiterung zwar schon erste Konturen bekommen, doch erst sieben Jahre später, auf dem Gipfel von Nizza im Jahr 2000, wurden die Regeln für die Zusammensetzung der Institutionen und die Stimmgewichtung bei Ratsabstimmungen festgelegt. Gleichzeitig zeichnete sich ab, dass das ursprünglich angestrebte Beitrittsdatum 2002 nicht eingehalten werden konnte. Die Konsequenz war, dass in Göteborg 2001 der Beitrittsprozess zwar für irreversibel erklärt, die Vollziehung der ersten Stufe aber auf 2004 verschoben wurde. Den vorläufigen Abschluss bildete der Kopenhagener Gipfel im Dezember 2002, auf dem der Beitritt von zehn neuen Ländern beschlossen wurde. Seitdem ist aus der ehemals kleinen Europäischen (Wirtschafts-)Gemeinschaft, dem Europa der 6 (1958) über mehrere Stufen das Europa der 9 (1973), dann der 10 (1981) und der 12 (1986) und schließlich das Europa der 15 (1995) geworden, das nun auf dem Weg zum Europa der 25 ist. Die zehn neuen Länder sind: Estland, Lettland, Litauen, Polen, die Tschechische Republik, die Slowakei, Ungarn, Slowenien, Malta und Zypern.

Welche Ängste werden mit der Osterweiterung geschürt? Was wird nicht in die Debatten mit einbezogen?

Geschürt werden Ängste vor »Karawanen von Grenzgängern«, vor Billiglohnkräften, die den Arbeitsmarkt überschwemmen und das Sozial- und Gesundheitssystem ausnutzen, und immer wieder wird davor gewarnt, dass über den Weg von Osten die organisierte Kriminalität Einzug halte: Drogenhandel, Frauenhandel usw. Mit der Verschiebung der EU-Grenze nach Osten rückt Deutschland mehr in die Mitte, aber – so wird gewarnt – damit rücke auch die EU-Ostgrenze gefährlich nahe an Staaten, wobei deren Migrations- wie Kriminalitätspotenzial ins Unermessliche fantasiert wird (vgl. Der Spiegel: Ansturm der Migranten, Europa macht dicht, 17.06. 2002).

Ein anderer fataler Fehler ist, dass in der öffentlichen Diskussion das Ost-West-Verhältnis eher in traditioneller Weise als ökonomisches und kulturelles Gefälle wahrgenommen wird, so als kämen ›aus dem Osten‹ nur ungelernte Arbeitskräfte und Arbeitslose, und als gingen die Migrationsverläufe nur von Ost nach West bzw. von Südost nach Nordwest. Faktisch gehen sie in viele Richtungen, und die Migration verläuft auch zwischen den potenziellen Mitgliedern.

Welche Hoffnungen werden mit der Osterweiterung verbunden?

Erhofft wird vor allem die Stimulation des Wirtschaftswachstum gerade auch in den alten EU-Ländern durch den gemeinsamen Binnenmarkt und die Deregulierung der Märkte. Erwartet wird ein erweiterter Handel, verbesserte Investitionsmöglichkeiten, größere Rechtssicherheit und die politische Stabilisierung der MOE-Länder sowie ein größeres politisches Gewicht für Europa. Interessant ist, dass von einem kulturellen Gewinn kaum die Rede ist. Versuche, hier Brücken zu schlagen und die deutsche Öffentlichkeit an die weit zurückreichenden kulturellen Beziehungen mit den ost-mitteleuropäischen Ländern zu erinnern, um an diese wieder anknüpfen zu können, sind noch sehr bescheiden. Ein solcher Versuch ist zum Beispiel die vom Goethe-Institut und Inter Nationes mit getragene mehrsprachige Zeitschrift ›Kafka‹. Gleichzeitig wird schmerzhaft deutlich, dass in den letzten drei Jahrzehnten – wie bewusst auch immer – viele der wissenschaftlichen Einrichtungen, die sich mit den kulturellen Entwicklungen in den MOE-Staaten befasst haben, abgebaut worden sind, obwohl man mit der Öffnung des »Eisernen Vorhangs« eigentlich das Gegenteil erwartet hätte.

Was ist längst schon Realität, ohne dass wir es realisiert haben?

Die Ost-West-Migration ist nicht neu und vor allem auf regionaler Ebene haben sich längst grenzüberschreitende Migrationsnetzwerke etabliert sowie Wirtschaftsbeziehungen herausgebildet, darunter auch solche, bei denen der Osten der »Kopf« und der Westen die »Hand« ist. Die nachstehenden Beiträge zeigen, dass das Szenario wesentlich komplexer und auch widersprüchlicher ist, als es in der Öffentlichkeit wahrgenommen und beschrieben wird. Im Bildungsbereich erweisen sich die Transformationsländer flexibel und innovationsfreudig. Zwar müssen sie auch gegen das Beharrungsvermögen alter Strukturen und Denkmuster kämpfen, aber insgesamt ist der Konsens, dass grundlegende Veränderungen notwendig sind, größer ebenso die Bereitschaft, von anderen zu lernen.

Worauf müssen wir uns in den Bereichen der Integrationsarbeit vorbereiten?

Es ist schwer abzuschätzen, ob und in welcher Weise die Frage der EU-Osterweiterung in den verschiedenen Bereichen der Integrationsarbeit eine Rolle spielt. Im Bildungsbereich – so mein Eindruck – scheint man zum einen auf die Erfahrungen mit den Spätaussiedlerinnen und -aussiedlern zu vertrauen, ohne zu bedenken, dass diese Gruppe unter völlig anderen Prämissen nach Deutschland eingewandert ist und einwandert. Andererseits gibt es eine Reihe von Initiativen zur Intensivierung der kulturellen und wissenschaftlichen Beziehungen mit den ost- und mitteleuropäischen Staaten, auch über die Beitrittsländer hinaus. Bekannt sind Projekte wie die grenzüberschreitende Europa-Universität in Frankfurt/Oder, weniger bekannt aber umfangreich sind die Projekte des ZEI (Bonn) oder die Aktivitäten des DAAD in den MOE-Ländern usw. Wenn im Hochschulalltag das Stichwort Internationalisierung fällt, so wird – wie bewusst auch immer – zwischen einer nach Westen ausgerichteten und einer nach Osten ausgerichteten Internationalisierung unterschieden und letztere eher als »Bildungshilfe« wahrgenommen. Generell hält sich in vielen Bereichen das Vorurteil: Vom Westen erwarten wir etwas und nach Osten geben wird ab. Die alte Defizitfigur ist immer noch lebendig. Es wäre jedoch fatal, wenn wir in dem alten Ost-West-Schema verhaftet blieben, das durch die Politik – und gerade auch durch die Ausländerpolitik – des Deutschen Reichs seit dem 19. Jahrhundert und durch den Ost-West-Systemgegensatz nach dem Zweiten Weltkrieg – also seit mehr als 100 Jahren – in unseren Köpfen Platz gegriffen hat. Ich denke, dass die große Chance Deutschlands darin liegt, sich als Drehscheibe zu definieren. Peripherie und Metropole werden durch die Osterweiterung langfristig neu definiert, und statt einer (arroganten) Abschottungspolitik bedarf es einer kreativen Drehscheibenpolitik.

Zu den Beiträgen im vorliegenden Band

Das »Forum Migration 2002« war ausnahmsweise zwei Themen gewidmet: Zum einen ging es um die Konsequenzen aus den Ergebnissen der internationalvergleichenden Schulleistungsstudie PISA 2000 für die Integrationsarbeit. Zum Thema »PISA und Migration« hat der Präsident der Otto Benecke Stiftung, Herr Dr. Lothar Theodor Lemper, referiert und unter dem Titel »Jetzt und sofort – Sprachoffensive im Elementarbereich« hat Herr Professor Dr. Hans-Heinz Reich (Universität Koblenz-Landau) die Notwendigkeit vorschulischer Sprachförderung diskutiert. Diese Beiträge sind in der Zeitschrift »OBSinForm« wiedergegeben.

Im Mittelpunkt des zweiten Teils stand die EU-Osterweiterung. Das Eingangsreferat hielt Herr Hönekopp vom Institut für Arbeitsmarkt- und Berufsforschung in Nürnberg. Sein Beitrag bietet einen Überblick über aktuelle und zu erwartende Migrationsprozesse. In drei weiteren Referaten werden verschiedene Aspekte der EU-Osterweiterung beleuchtet: Frau PD Dr. Helma Lutz (Universität Münster) berichtet aus einem Forschungsprojekt zu den teils illegal, teils legal in Deutschland lebenden und arbeitenden Hausarbeiterinnen; Frau Dr. Barbara Dietz (Osteuropa Institut München) geht der Frage nach, inwieweit durch die EU-Osterweiterung neuer Integrations- und Qualifizierungsbedarf entsteht, und Frau Helge Margaret Knipping vom Bundesamt für Migration und Flüchtlinge (Nürnberg) skizziert den Stand des neuen Integrationskonzepts und die sich daraus für das Bundesamt ergebenden Aufgaben.

Zusätzlich sind Beiträge von zwei Autorinnen und einem Autor für die Publikation eingeworben worden: Herr Norbert Cyrus (Universität Oldenburg) diskutiert die Frage der Arbeitnehmerfreizügigkeit in Zusammenhang mit der EU-Osterweiterung, eine Frage, die Frau Nováková (Hamburg) bezogen auf

Tschechien aufgreift. Frau Mazur-Rafał vom Zentrum für internationale Beziehungen in Warschau zeigt am Beispiel Polens, wie sich die Ost-West-Migration in Bezug auf das Problem des Braindrains und Braingains darstellt. Allen Autorinnen und Autoren sei herzlich für ihre Mitarbeit gedankt, desgleichen Katrin Huxel (Universität Münster), die die Herausgeberin bei der Endredaktion unterstützt hat.

Münster im Februar 2003 Marianne Krüger-Potratz

Elmar Hönekopp

Institut für Arbeitsmarkt- und Berufsforschung (IAB)

Osterweiterung der EU und Migration – aktuelle Entwicklungen und Prognosen

Bisheriger Prozess der wirtschaftlichen Integration der heutigen Beitrittsländer

Bereits seit dem Fall des »Eisernen Vorhangs« 1990/91 ist ein sehr intensiver Prozess der Integration der früheren RGW[1]-Mitglieder in die europäische und globale Wirtschaft, also in die internationale Arbeitsteilung, zu beobachten. Über die Europaabkommen (Assoziierungsabkommen, die von vornherein die Hinführung zur späteren EU-Mitgliedschaft beinhalteten) wurde die Schaffung bzw. Anpassung der institutionellen Rahmenbedingungen für diesen Integrationsprozess (einschließlich ihrer perspektivischen Weiterentwicklung) unterstützt.

Dieser ökonomische Integrationsprozess bezog sich (und bezieht sich) bisher im Wesentlichen nur auf die beiden Faktoren Güter und Kapital: Ziel war und ist es, den freien Austausch von Gütern und die Bewegungsfreiheit von Kapital zwischen der EU und den Transformationsländern (den heutigen Beitrittsländern) herzustellen. Dies ist mittlerweile weitgehend (mit einigen wenigen Ausnahmen z.B. im Agrar- und Textilsektor) geschehen. Über diese Integration wurden weitreichende wichtige Strukturanpassungsprozesse ausgelöst, und zwar sowohl in den Beitrittsländern wie in den EU-Ländern, und dies insbesondere auch auf den Arbeitsmärkten:

- In den EU-Ländern, insbesondere in Deutschland: Verstärkung des Trends zur technikintensiven Produktion, die mit der Erhöhung der Nachfrage nach hochqualifizierten Arbeitskräften verbunden ist. Gleichzeitig: Abbau/Rückgang von lohnintensiver Produktion, insbesondere in bestimmten Wirtschaftszweigen, wie Textil- und Bekleidungsindustrie.
- In den Beitrittsländern: Erhöhung der Arbeitsproduktivität, zunächst durch den Abbau der Unterauslastung von Arbeitskräften, das heißt: versteckte Arbeitslosigkeit wurde zu offener Arbeitslosigkeit. Gleichzeitig wurde und wird die Wettbewerbssituation unter anderem durch ausländische Direktinvestitionen wesentlich verbessert.

---

1 Rat für Gegenseitige Wirtschaftshilfe

Man kann also diesen Prozess nicht ohne die Rückwirkungen auf den dritten ökonomischen Faktor, die Arbeitskraft, sehen. Für den innereuropäischen Integrationsprozess ist dieser Faktor von Anfang an einer der zentralen Bestandteile der Integrationspolitik gewesen. Die Sicherstellung auch der Freizügigkeit der Arbeitskräfte (neben freiem Handel und unbeschränktem Kapitalverkehr) und die Verbesserung der Rahmenbedingungen hierfür gehören zum Kernbereich der Bemühungen der Europäischen Kommission bzw. der EU-Politik insgesamt. Die Arbeitskräftefreizügigkeit ist seit den Römischen Verträgen eines der unverzichtbaren Rechtsinstitute der europäischen Integration. Gleichzeitig muss aber eine wichtige Feststellung getroffen werden, dass *es nämlich zwischen den EU-Ländern nur eine geringe, vielleicht zu geringe Mobilität von Arbeitskräften gibt!*

Arbeitskräftemigration und Arbeitskräftefreizügigkeit Aktuelle Situation und Diskussion

Hinsichtlich des freien Handels und des unbeschränkten Kapitalverkehrs zwischen den Assoziierungsländern (den heutigen Beitrittskandidaten) und der EU wurde inzwischen Wesentliches erreicht. Hier wird sich auch bei einer EU-Mitgliedschaft nichts grundsätzlich Neues mehr ergeben. Ganz anders aber bei der Arbeitskräftefreizügigkeit. Diese war bei den Europaabkommen ausgeschlossen und ist jetzt somit ein zentraler Punkt, gleichzeitig aber einer der sensibelsten Punkte bei den Beitrittsverhandlungen. Trotzdem: Schon bisher hat einiges an Beschäftigung von MOE-Angehörigen[2] stattgefunden:

- überwiegend in Deutschland und Österreich (hier arbeiten 80% aller in der EU beschäftigten MOE-Arbeitskräfte),
- bei einer Größenordnung in Deutschland von ca. 200.000 bis 300.000 Personen pro Jahr (Programmarbeitnehmerinnen und -arbeitnehmer, vor allem Saison-, Werkvertrags-, Grenz- und »Neue« Gastarbeitnehmer),
- aber in stark reguliertem Rahmen, innerhalb bilateraler Verträge/Vereinbarungen,
- vor allem in einzelnen, festgelegten/definierten Wirtschaftszweigen (Landwirtschaft, Bau-, Hotel- und Gaststättengewerbe).

Dies wird sich im Rahmen einer EU-Mitgliedschaft und bei Wirksamwerden der Arbeitskräftefreizügigkeit sicherlich zwangsläufig anders entwickeln.

Die jetzigen EU-Mitglieder haben sehr unterschiedliche Interessen hinsichtlich des Termins der Einführung der Arbeitskräftefreizügigkeit (Vereinbarung einer Übergangsfrist und deren eventueller Dauer). Die Kompromissfindung gestaltete sich schwierig. Die politische Setzung Bundeskanzler Schröders vom Dezember 2000 in Weiden[3] lautete auf 7 Jahre Übergangsfrist. Der Göte-

---

2 MOE – Mittel- und Osteuropa

3 Rede von Bundeskanzler Gerhard Schröder anlässlich der Regionalkonferenz Oberpfalz 2000 am 18.12.2000 in Weiden (URL: http://www.bundesregierung.de/ dokumente/ rede/x_26831.htm).

borg-Kompromiss (Juni 2001) führte dann zur »2-3-2«-Regelung, formal also tatsächlich zu einer bis zu sieben Jahre dauernden Übergangsphase:

- Jedes Land entscheidet für sich, ob es die Übergangsfrist einführt.
- Für die ersten zwei Jahre ist dies ohne Begründung möglich.
- Für weitere drei Jahre kann die Übergangsfrist begründet, das heißt unter Bezug auf konkrete Probleme auf dem Arbeitsmarkt, verlängert werden.
- Eine weitere Verlängerung ist nur bei ausführlicher Darlegung von erheblichen Schwierigkeiten auf dem Arbeitsmarkt möglich.

Potenzielle Arbeitskräftewanderungen – einige theoretische Hinweise

Die makroökonomische Ebene der Wanderungsfrage: Weshalb wandern Arbeitskräfte?

In der Wirtschaftstheorie gibt es zwei Hypothesen zur Mobilität von Arbeitskräften in Integrationsräumen (vgl. Robson 1987, S. 65; Borjas 1989, S. 457 ff.; Molle 1994, S. 205). Nach der Integrationstheorie wird bei Schaffung eines gemeinsamen Marktes die wirtschaftliche Wohlfahrt erhöht, wenn Arbeitskräfte dahin gehen können, wo ihre Produktivität und damit auch ihr erzielbarer Lohn am höchsten ist. Unterstellt wird also eine Mobilität von den weniger produktiven zu den höher produktiven Arbeitsplätzen der Gemeinschaft. Dieser Prozess, so die Annahme, würde so lange dauern, bis sich die Grenzproduktivitäten und damit die Löhne (für die selbe Arbeit) im Integrationsraum angeglichen haben. Voraussetzung sei natürlich, dass die Arbeitskräfte mobil seien, dass Transparenz über die verfügbaren Arbeitsplätze gegeben sei, dass keine Wanderungsbarrieren vorlägen, wie legale Hindernisse (Arbeitserlaubnis, Aufenthaltserlaubnis), die Nichtanerkennung von Qualifikationen oder auch kulturelle und sprachliche Unterschiede.

Demgegenüber geht die klassische Außenhandelstheorie von der Immobilität der Arbeitskräfte zwischen den Staaten aus. Bei unterschiedlicher Ausstattung mit Produktionsfaktoren (Bodenschätzen, Kapital, Technikstand, Arbeitskräften) erfolge ein Ausgleich und eine Steigerung des Wohlstandes durch die Handelsbewegungen. Jedes Land konzentriere sich auf die Produktion jener Güter, bei denen es einen komparativen Vorteil hat, weil es im Vergleich zu den anderen Ländern kostengünstiger produzieren könne (Heckscher-Ohlin Theorem). Über den Handelsaustausch ergäbe sich dann eine Arbeitsteilung entsprechend den komparativen Kostenvorteilen. Durch die Tauschbeziehung erhöhe sich der Wohlstand der beteiligten Länder. Arbeitskräftewanderungen wären nach diesen Überlegungen nicht nötig. Der Außenhandel wird als Substitut für Wanderungen gesehen. Ganz abgesehen davon ist Kapital in der Regel mobiler als Arbeitskräfte.

Die oben genannten Wanderungsmotive lassen sich systematisch als sogenannte Zugfaktoren (*pull-factors*) und Druckfaktoren (*push-factors*) klassifizieren.

Erstere sind wirksam, wenn im potenziellen Einwanderungsland hohe Einkommen erzielbar sind und zugleich die Möglichkeit zur Beschäftigung gegeben ist. Letztere bestehen zum Beispiel in mangelnden Beschäftigungsmöglichkeiten, in Arbeitslosigkeit oder niedrigem Einkommen im Heimatland. Liegen beide Faktoren in zwei Ländern vor, besteht zwischen ihnen prinzipiell ein Wanderungsdruck.

In der Migrationstheorie wird auch die Bedeutung von Netzwerken (*networks*) hervorgehoben. Netzwerke vermitteln Informationen über das Zielland. Diese Kenntnisse können sich aus früheren Beziehungen ergeben, oder dadurch, dass es schon Migrantinnen und Migranten gibt, die für Migrationswillige den Zuzug leichter machen. Das Vorhandensein von Netzwerken bestimmt vor allem die Richtung von Wanderungsströmen, kann aber auch in gewissem Umfang einen verstärkenden Effekt haben. Beispiele dafür sind die Einwanderinnen und Einwanderer aus Algerien in Frankreich (postkoloniale Migration) oder die Arbeitsmigration aus der Türkei in Deutschland (Familiennachzug und Heiratsmigration).

Dieser theoretische Überblick zeigt deutlich, dass für ökonomisch bedingte Wanderungen vor allem drei Aspekte wichtig sind: Handelsbeziehungen, Einkommensunterschiede und Arbeitsmarktsituation. Diese sollen im Folgenden vor dem Hintergrund der europäischen Integration näher erläutert werden (vgl. hierzu Tassinopoulos/Werner 1998, S. 5 ff.).

Die individuelle Ebene der Wanderungsentscheidung: Warum bleiben Arbeitskräfte?

Die Migrationsliteratur befasste sich bis vor wenigen Jahren fast ausschließlich mit der Frage, warum Arbeitskräfte wandern, obwohl der überwiegende Teil der Menschen dies nicht tut. Erst in letzter Zeit wird diskutiert, warum es sich auch lohnen kann zu bleiben (vgl. Fischer/Martin/Straubhaar 1997). Folgende Gründe werden hervorgehoben:

- Bestimmte Kenntnisse, Fähigkeiten oder Erfahrungen seien nicht transferierbar, da sie nur »vor Ort« zu verwenden seien. Als Beispiele hierfür werden arbeitsbezogene Präferenzen (Unternehmensphilosophie, firmenspezifische Produktpalette oder firmenspezifischer Produktionsprozess, Kenntnis des Kundenverhaltens usw.) oder freizeitbezogene Vorteile (soziales Umfeld, Freunde, Einkaufsmöglichkeiten, Wohnungsmarkt usw.) genannt.
- Die meisten Menschen seien »risikoscheu«. Ziehe man in ein anderes Land, so setze man sich unkalkulierbaren Risiken aus, da man nicht über alle relevanten Informationen verfüge und die eigene Anpassungsfähigkeit nicht einschätzen könne.
- Die Gefahr der verdeckten oder auch offenen Diskriminierung wird auch als Grund angegeben. Diese sei in der Regel um so größer, je stärker sich die Zuwandernden von der einheimischen Bevölkerung unterscheiden würden: in Sprache, Aussehen, Qualifikation oder Einkommen. Bei den EU-Ange-

hörigen, so heißt es, könne man allerdings davon ausgehen, dass sie weniger Benachteiligung fürchten müssten als andere ausländische Arbeitskräfte, da sie einen gesicherten Aufenthaltsstatus hätten.

- Abwarten, so ein weiterer Grund, könne ein Wert für sich sein (*option value of waiting*), wenn dadurch Unsicherheiten und Informationsdefizite verringert würden. In der Zwischenzeit könne sich die Situation im Heimatland verbessern. Oder – so eine andere Perspektive – man habe sich nach dem Motto: »Der Spatz in der Hand ist besser als die Taube auf dem Dach« mit der Situation im eigenen Land arrangiert. Die Migrationsentscheidung werde dann aufgeschoben und schließlich begraben.
- Zwei weitere Gründe sind der Vollständigkeit halber zu erwähnen, auch wenn sie im Rahmen der EU-Freizügigkeitsregelung keine große Rolle mehr spielen, gemeint sind Grenzkontrollen und legale Hemmnisse (Aufenthalts- und Arbeitserlaubnis) sowie Unterschiede in den Sozialsystemen.

Zusammenfassend lässt sich sagen, dass *im Verlaufe der europäischen Integration Wanderungsdruck eher abgebaut wurde*. Verstärkter Handelsaustausch und die Transfers der europäischen Strukturfonds haben eine Annäherung der Wohlstandsniveaus bewirkt. Handel und Kapitaltransfers (Direktinvestitionen) fungieren als Substitute für Arbeitskräftewanderungen. Die neoklassische Außenhandelstheorie wurde bestätigt. Migration ist letztendlich eine individuelle Entscheidung. Die makroökonomischen Wanderungsdeterminanten bestimmen zwar den potenziellen Wanderungsdruck, aber die individuelle Entscheidung hängt auch von »Vorteilen des Bleibens« ab. Im Übrigen werden Wanderungsentscheidungen nicht nur von den absoluten Einkommensdifferenzen zwischen Herkunfts- und Zielland bestimmt, sondern auch von der relativen Höhe der Einkommen im Heimatland: Hat man zum Beispiel ein »sozial akzeptables« Einkommen im Heimatland, muss die Einkommensdifferenz zum Zielland schon erheblich sein, um die Menschen zum Fortzug zu bewegen. Anders sieht es natürlich aus, wenn im Heimatland nur ein Armutseinkommen erzielt wird. Ein »sozial akzeptables« Einkommen wird in den EU-Staaten inzwischen aber weitgehend erzielt.

Potenzielle Arbeitskräftewanderungen im Rahmen der EU-Osterweiterung – Ergebnisse empirischer Untersuchungen

Die möglichen Größenordnungen (Migrationspotenziale) von Arbeitskräftewanderungen aus den Beitrittsländern in die heutigen EU-Länder nach Wirksamwerden der Arbeitskräftefreizügigkeit wurden seit Beginn der Diskussion über eine EU-Erweiterung um die mittelosteuropäischen Transformationsländer vielfach und mit sehr verschiedenartigen methodischen Ansätzen untersucht (zur Übersicht vgl. Hönekopp 2001). In jüngerer Zeit wurden die Ergebnisse zweier größerer Studien vorgelegt, die jeweils auf der Basis ökonometrischer Modelle erstellt wurden (EIC 2001, ifo 2001). Beide Untersuchungen gehen von der Süd-Nord-

Wanderung (von den Mittelmeerländern in die nördlichen Industrieländer der damaligen EG) aus, schätzen die Einflüsse ökonomischer Variablen auf die Wanderungsprozesse und übertragen diese Parameter im Rahmen der jeweiligen Modelle auf mögliche zukünftige Entwicklungen bei der Ost-West-Wanderung. Die Ergebnisse beider Studien sind in Tabelle 1 einander gegenübergestellt.

Tabelle 1 Wanderungspotenzial von ausgewählten Beitrittsländern nach Deutschland bei Arbeitskräftefreizügigkeit (Schätzergebnisse EIC und Ifo) (in Tausend)

Land	Schätzung EIC*				Schätzung Ifo**			
	Jahr 1	Jahre 1–5	Jahre 1–10	Jahre 1–15	Jahr 1	Jahre 1–5	Jahre 1–10	Jahre 1–15
Polen	66	274	442	541	91	535	931	1.144
Slowakei	10	40	63	80	9	55	95	115
Tschechien	11	46	74	91	9	54	89	104
Ungarn	16	67	107	128	13	77	134	158
Insgesamt	103	427	686	840	122	721	1.249	1.521

Gerundete Werte; EIC: mittlere Variante; Ifo: Schätzung bei relativem Einkommenswachstum von 2 %

* European Integration Consortium, 2000; ** Sinn et al., 2001

Quelle: Hönekopp, 2000; eigene Zusammenstellung und Berechnung nach den Originalquellen

Die entscheidenden Annahmen/Einflussfaktoren der Schätzungen von bisherigen bzw. erwartbaren Entwicklungen beziehen sich dabei entsprechend den oben skizzierten theoretischen Ansätzen vor allem auf

- Wohlfahrts-/Einkommensunterschiede und deren Angleichungsprozesse (»relative« Wirtschaftsentwicklung);
- die Arbeitsmarktsituation und -entwicklung: *Push*- und *Pull*-Perspektiven;
- die Kosten der Migration: Distanzen zwischen Herkunfts- und Zielländern.

Solche Potenzialschätzungen sind zwangsläufig mit Unsicherheiten behaftet. Zunächst muss klar sein, dass diese Ergebnisse keine Prognose darstellen (also keine Vorhersage, was definitiv sein wird), sondern eine Projektion (was unter gesetzten Annahmen wahrscheinlich eintreten dürfte). Daneben ist in einem Modell die Wirklichkeit nur begrenzt abbildbar. Andererseits muss auch gefragt werden, inwieweit bei der Süd-Nord-Wanderung relevante Zusammenhänge auf die künftige Ost-West-Wanderung übertragbar sind. Offen bleibt vor allem, ob die den Schätzungen zugrunde gelegten Annahmen (etwa der Wirtschafts- und Arbeitsmarktentwicklung) tatsächlich eintreffen werden (zu den bisher insgesamt relativ günstigen Entwicklungen im ökonomischen Angleichungsprozess vgl. die Tabellen 2–4). Des Weiteren wurde in den Studien das Jahr 2002 als Referenzpunkt eines Inkrafttretens der Arbeitskräftefreizügigkeit angenommen. Das ist inzwischen aufgrund des Kompromisses von Göteborg (siehe oben) und der aktuellen Beschlüsse von Kopenhagen (Dezember 2002) hinsichtlich des Beitrittsprozesses nicht mehr Realität[4]. Insbesondere ist klar, dass zumindest Deutschland und Österreich, wohl aber auch andere derzeitige EU-Mitgliedsländer die Übergangsfristen in Anspruch nehmen werden. Es ist somit erst von einem Wirksamwerden der Arbeitskräftefreizügigkeit ab dem Jahre 2011 auszugehen. Das bedeutet aber auch, dass die ökonomischen Anpassungstrends bis dahin weitergehen werden und dass ein eventuell bestehender Wanderungsdruck tendenziell weiter abgebaut wird.

Tabelle 2 Ausgewählte Beitrittsländer – Kennziffern 2002 – Arbeitsmarkt

	Bevölk. (in Mio.)		Erwerbs-tätige	Erw.-lose	Erwerbslosenquote					
	Insg.	15–64	(Mio.)	(Tsd.)	1999	2000	2001	2002**	2003**	2004**
Polen	38,7	26,6	14,2	3.200	15,3	16,3	18,6	18,5	18,3	17,7
Tschech. Rep.	10,3	7,2	4,7	409	9,5	8,8	8,1	8,8	8,8	8,6
Slowakei	5,4	3,7	2,1	508	17,1	19,1	19,2	18,9	18,4	17,6
Ungarn	10,0	6,9	3,8	230	7,0	6,6	5,7	5,8	5,9	5,8
Slowenien	2,0	1,4	0,9	55	7,6	6,9	6,3	6,3	6,1	6,0
Deutschland	82,2	55,0	36,3	3.123	8,4	7,8	7,7	8,1	8,2	7,9
EU-15	374,9	251,0	158,4	14.447	8,7	7,8	7,4	7,6	7,7	7,4

KKS: Kaufkraftstandards © IAB-Hö 0212

* entsprechend Daten aus der Arbeitskräfteerhebung

** Vorausschätzung (Herbst 2002)

Quellen: Eurostat, Ergebnisse der Arbeitskräfteerhebung 1999, Luxemburg 2000; LFS 2000 und 2001 (Sonderauswertung); Eurostat, Beschäftigung und Arbeitsmarkt in den Ländern Mitteleuropas, 1-2001, Luxemburg 2001; Council of Europe; Eur. Commission, European Economy, Economic forecasts, Spring 2002; Eur. Commission, European Economy, Enlargement Papers, no. 9 – April 2002

4 Siehe auch den Beitrag von Cyrus im vorliegenden Band.

Tabelle 3 Ausgewählte Beitrittsländer – Kennziffern 2002 – Wirtschaft

	BIP/Kopf (KKS)			BIP-Wachstum*								
	Euro/ KKS	D= 100	EU= 100	1996	1997	1998	1999	2000	2001	2002	2003	2004
Polen	9.200	39,0	39,7	6,0	6,8	4,8	4,1	4,0	1,0	0,8	3,2	3,9
Tsch.Rep.	13.300	56,4	57,3	4,3	-0,8	-1,2	-0,4	2,9	3,3	2,2	3,2	3,8
Slowakei	11.100	47,0	47,8	6,2	5,6	4,0	1,3	2,2	3,3	3,9	3,9	4,8
Ungarn	11.900	50,4	51,3	1,3	4,6	4,9	4,2	5,2	3,8	3,4	4,5	4,9
Slowenien	16.000	67,8	69,0	3,5	4,6	3,8	5,2	4,6	3,0	2,6	3,6	4,0
Deutsch.***	23.600	**100**		0,8	1,4	2,0	2,0	2,9	0,6	0,4	1,4	2,3
EU-15	23.200		**100**	1,6	2,5	2,9	2,8	3,4	1,5	1,0	2,0	2,6

KKS: Kaufkraftstandards © IAB-Hö 0212

* Basierend auf BIP-Daten zu konstanten Preisen in nationaler Währung

** Vorausschätzung; *** BIP-Kopf: 2000

Quellen: Eurostat; Statistik kurzgefasst, Nr. 24 + 28/2001, 28 + 41/2002; Eur. Comm., European Economy, Suppl. A, Economic Trends, No. 10/11, Oct./Nov. 2001; dies., Economic Reform Monitor, Issue 2001/4, Nov. 2001 (autumn 2001 Forecast); dies., European Economy, Enlargement Papers No. 9/April 2002, Economic Forecasts for the Candidate Countries, Spring 2002; dies., European Economy no. 5/2002, Economic forecasts, Autumn 2002; eigene Berechnungen

Tabelle 4 Ausgewählte Beitrittsländer – Bruttoinlandsprodukt pro Kopf 1993 und 2000/2001

	BIP/Kopf (KKS)					BIP/Kopf (Euro)			
	1993*		2001**			1993*		2000	
	Euro/ KKS	**D= 100**	Euro/ KKS	**D= 100**	EU= 100	Euro	**D= 100**	Euro	**D= 100**
Polen	5.100	**29,0**	9.200	**39,0**	39,7	1.900	**9,2**	4.400	**17,8**
Tsch. Rep.	9.700	**55,1**	13.300	**56,4**	57,3	2.900	**14,1**	5.200	**21,0**
Slowakei	6.700	**38,1**	11.100	**47,0**	47,8	2.000	**9,7**	3.900	**15,8**
Ungarn	8.100	**46,0**	11.900	**50,4**	51,3	3.300	**16,0**	4.900	**19,8**
Slowenien	9.900	**56,3**	16.000	**67,8**	69,0	5.400	**26,2**	9.800	**39,6**
Deutschland	17.600	**100**	23.600	**100**	100	20.600	**100**	24.750	**100**
EU-15			23.200						
z.Vgl: Griechenl.	10.400	**59,1**	15.270	**64,7**	65,8	7.700	**37,4**	11.530	**46,6**

KKS: Kaufkraftstandards; BIP zu jeweiligen Preisen und Wechselkursen

*Ungarn: 1995; **D und GR: 2000

Quellen: 1993: Datashop (0106); 2000: Eurostat, Statistik kurzgefasst, Nr. 24 und 28/2001; 2001: Statistik kurzgefasst, Nr. 28 + 41/2002 sowie eigene Auswertung und Berechnung

Trotz allem kann nach diesen Studien davon ausgegangen werden, dass die möglichen Größenordnungen von Arbeitskräftewanderungen (von Ländern der ersten Erweiterungsrunde) wegen des relativ positiven ökonomischen Angleichungsprozesses in diesem Kontext eher gering bleiben dürften (vgl. Tab. 1). Entscheidend wird dann auch sein,

- welche Personengruppen zum Wanderungspotenzial gehören könnten. Aufgrund der Entwicklungen in den Beitrittsländern dürften das eher weniger gut qualifizierte Personen sein, da dort der Bedarf nach Hochqualifizierten schon jetzt – wie in Deutschland auch – relativ hoch ist und noch steigen dürfte, und da umgekehrt im Rahmen des Strukturwandels Niedrigerqualifizierte auch weiterhin stärker von Arbeitslosigkeit betroffen sein dürften;
- wohin diese potenziellen Arbeitsmigranten gehen könnten: Wo wären Arbeitplätze für solche Personen vorhanden, in welchen Regionen und in welchen Wirtschaftszweigen?
- wie sich der Bedarf an Arbeitskräften nicht zuletzt in Zusammenhang mit dem demographischen Wandel entwickeln wird: Ein Bedarf an Niedrigqualifizierten wird wohl kaum entstehen. Der Bedarf an Arbeitskräften dürfte aber aufgrund dieser Entwicklungen auch in Pflegeberufen, bei Haushaltshilfen u.ä. wachsen.

Umgekehrt müssen aber auch die Entwicklungen der schon heute bestehenden West-Ost-Migration berücksichtigt werden. Seit 1990 sind zahlreiche, oft aus politischen Gründen ausgewanderte Personen in ihre Herkunftsländer Polen, Tschechien, Ungarn usw. zurückgekehrt. Weiterhin arbeiten bereits schon zehntausende Arbeitskräfte (oft Hochqualifizierte) aus dem Westen in den Beitrittsländern[5].

Zur Frage nach der Zahl der Grenzpendlerinnen und -pendler

In die Analysen der erwähnten Studien sind Fragen möglicher Grenzpendlergrößenordnungen nicht einbezogen worden. Im Vergleich mit einer allgemeinen Arbeitskräftewanderung über weite Distanz handelt es sich hier um eine besondere Situation. Denn das Charakteristische des Pendels ist, dass die Personen an ihrem Heimatort wohnen bleiben und somit die Kostenvorteile beiderseits der Grenze nutzen können. Hieraus zu schließen, dass die Regionen an der deutschen Ostgrenze unter den Druck umfangreicher Pendlerbewegungen geraten könnten, ist nicht unbedingt plausibel. Denn:

- die Wirtschafts- und Arbeitsmarktsituation längs der Grenze stellt sich auf beiden Seiten sehr differenziert dar (vgl. beispielhaft Tab. 5 und 6);
- sowohl auf der polnischen wie auf der tschechischen Seite der Grenze handelt es sich (mit partieller Ausnahme des nordböhmischen Gebietes) nicht um sehr dicht besiedelte Gebiete, aus denen Massen abwandern könnten;
- die nächstgelegenen Wirtschaftszentren (und potenziellen Zielgebiete für diese Form des Wanderns) sind zu weit entfernt, als dass sie noch für ein Kurzzeit-Pendeln interessant sein könnten;
- schon jetzt kann man beobachten, dass die Grenzarbeitnehmerinnen und -arbeitnehmer im Rahmen der legalen Möglichkeiten entsprechend der regionalen Arbeitsmarktsituation in sehr unterschiedlichem Ausmaß beschäftigt werden.

---

5 Vgl. auch die Beiträge von Lutz und Mazur-Rafał im vorliegenden Band

Tabelle 5 Bruttoinlandsprodukt pro Einwohner im sächsisch-tschechischen Grenzgebiet 1999

CR							D				
Bezirke	KKP pro Kopf			Euro pro Kopf			Reg. Bezirk	KKP pro Kopf		Euro pro Kopf	
	Absolut	Entwicklung*	v.H. Nord**	Absolut	Entwicklung*	v.H. Nord**	bzw. Kreis	Absolut	Entwicklung*	Absolut	Entwicklung*
Nordwest böhmen	10.107	100,1	**70**	4.042	114,2	**26**	**R.B. Chemnitz**	14.343	121,5	15.278	109,1
(K. V.)			**52**			**19**	Std. Chemnitz	19.498	120,3	20.768	108,0
			68			**26**	Ld. Chemnitz	14.788	122,4	15.752	1100
			85			**32**	Annaberg	11.872	121,6	12.645	109,2
			99			**37**	Mittl. Erz-Geb.	10.242	118,9	10.909	108,4
Nord-böhmen (Usti)	10.503	101,4	**69**	4.201	115,6	**26**	**R.B. Dresden**	15.145	116,1	16.131	104,3
			52			**20**	Std. Dresden	20.088	119,4	21.396	107,2
			89			**33**	Weiße-ritzkreis	11.778	109,7	12.545	98,5
			83			**31**	Sächs. Schweiz	12.673	115,6	13.499	103,9
CR insg.	10.287	109,8	**92**	4.114	125,2	**35**	Löbau-Zittau	11.189	117,4	11.918	105,5
	12.439	113,2	**82**	4.975	129,1	**31**	**Sachsen**	15.086	117,0	16.069	105,1
			55			**21**	D insg.	22.579	116,3	24.050	104,5

* Index (1999/1995 x 100) © IAB-Hö 0207

** in v. H. Nord: CR-Bezirk in Relation zu geografisch benachbartem Reg.-Bez./Kreis in D (gleiche bzw. folgende Zeilen, entsprech. Spalte) mal 100

Quelle: Eurostat-Datashop (Sonderauswertung 02/2002); eigene Berechnung

Tabelle 6 Arbeitslosenquoten im Tschechisch-sächsischen Grenzgebiet 2001

	ALQ*
Chemnitz R.-Bezirk (NuUTS D1)	13,6
Dresden R.-Bezirk (NUTS D2)	14,3
Sachsen insg. (NUTS D0)	**14,0**
z. Vgl.: D insgesamt	7,8
Nordwestböhmen (NUTS CZ04)	12,7
Nordostböhmen (NUTS CZ05)	6,4
Nordböhmen (CZ04/CZ05)	**8,4**
z. Vgl.: CR insgesamt	8,0

* berechnet auf der Basis der AKE (April 2001) © IAB-Hö 0207

Quelle: Eurostat. Arbeitskräfteerhebungen (AKE) der EU- und Kandidatenländer 2001, eigene Berechnung; Eurostat. Statistik kurzgefasst Nr. 6/7 2002

Ausgehend von einer Analyse der innerdeutschen Wanderungsprozesse längs des vormaligen Zonenrandgebietes nach der Wiedervereinigung wurde – ebenfalls auf der Basis eines ökonometrischen Modells und mit ähnlicher ökonomischer Logik wie die oben erwähnten Studien zu den allgemeinen Migrationspotenzialen – vor kurzem eine Schätzung möglicher Grenzpendlerpotenziale durchgeführt. Auch wenn hier einige methodische Vorbehalte erhoben werden müssen (unter anderem fehlende längere Zeitreihen, unterschiedliche Sprachproblematik) erscheinen die Ergebnisse nicht unplausibel (siehe Tab. 7).

Tabelle 7 Pendlerpotenzial aus Polen und Tschechien

Raumordnungsregion	Pendler* (absolut)
Vorpommern	9.800
Uckermark-Barnim	6.300
Oderland-Spree	11.700
Lausitz-Spreewald	18.000
Oberlausitz-Niederschlesien	20.400
Elbtal/Osterzgebirge	27.800
Chemnitz-Erzgebirge	17.400
Südwestsachsen	12.200

Raumordnungsregion	Pendler* (absolut)
Oberfranken-Ost	7.400
Oberpfalz-Nord	8.000
Regensburg	8.500
Donau-Wald	6.200
Insgesamt	153.700

* bei durchschnittl. Distanz von 100 km © IAB-Hö 0207

Quelle: eigene Zusammenstellung aus Alecke/Untiedt 2001, Pendlerpotenzial in den Grenzregionen, an der EU-Außengrenze. Methoden, Ergebnisse, Prognosen (Preparity, Teilprojekt D-7), o. O., Februar 2001

Schlussfolgerungen

Die Größenordnungen möglicher Arbeitskräftewanderungen im Rahmen der EU-Osterweiterung (bei Einführung der Arbeitskräftefreizügigkeit) dürften *nicht sehr umfangreich* sein. Entscheidender sind eher die strukturellen Wirkungen und Konzentration dieser Migration. Auch die möglichen Entwicklungen in den Grenzregionen sind sehr differenziert zu betrachten.

Beachtet werden muss bei dieser Diskussion auch die Zeitdimension, innerhalb derer sich die Entwicklung abspielen wird: Die heutigen Kandidatenländer werden vielleicht 2004 oder 2005 Mitglieder der EU sein. Zumindest für Deutschland und Österreich ist mit der Einführung von Übergangsfristen für Arbeitskräftefreizügigkeit zu rechnen. Daraus folgt, dass die Freizügigkeit erst etwa ab dem Jahr 2010 (oder sogar noch später) wirksam werden dürfte. Wegen der demographisch bedingten Entwicklungen bei dem Arbeitskräfteangebot in Deutschland werden wir dann vielleicht gerne auf ein Arbeitskräftepotenzial in unserer Nähe zurückgreifen. Allerdings müssen die Entwicklungen bis dahin beobachtet und auch gestaltet werden, und dies gemeinsam mit den Beitrittsländern.

Literaturhinweise:

Belke, Ansgar/Hebler, Martin (2002): EU-Osterweiterung, Euro und Arbeitsmärkte. Wien.

Borjas, George (1989): Economic theory and international migration. In: International Migration Review, Nr. 3, S. 1–457 ff.

European Integration Consortium – EIC (Boeri, Tito/ Brücker, Herbert, et al.) (2001): The impact of Eastern enlargement on employment and labour markets in the EU member states, study for the European Commission. Berlin/Milano. Online in Internet: URL: http://europa.eu.int/comm/dgs/employment_social/enlargement-en.pdf

Fischer, Peter A./Martin, Reiner/Straubhaar, Thomas (1997): Should I stay or should I go? In: Tomas Hammar u. a. (Hrsg.): International migration, immobility and development. Oxford, New York.

Hönekopp, Elmar (2000): EU-Osterweiterung: Auswirkungen auf die Arbeitsmärkte der Mitgliedsländer der Europäischen Union) (Schwerpunkt Arbeitskräftefreizügigkeit). In: Hrbek, R. (Hrsg.): Die Osterweiterung der Europäischen Union – Problemfelder und Lösungsansätze aus deutscher und ungarischer Sicht, Occasional Papers Nr. 22. Tübingen (Europäisches Zentrum für Föderalismus-Forschung), S. 116–142.

Hönekopp, Elmar (2001): Überblick über die Ergebnisse bisher vorliegender Schätzungen zum Migrationspotential im Falle einer Arbeitskräftefreizügigkeit im Rahmen der Osterweiterung der EU. Vortrag auf der Fachkonferenz »Mehr Konkurrenz um Lohn und Arbeit? Auswirkungen der Osterweiterung der EU auf die Arbeitsmärkte – Optionen für die Politik«. Akademie für Politische Bildung Tutzing, Tutzing, 14.–16.5.2001 (Manuskript).

Hönekopp, Elmar (2002): EU eastwards enlargement: labour markets and the free movement of workers. In: Langewiesche, R./ Tóth, A. (Hrsg.): The unity of Europe: political, economic and social aspects of EU enlargement, European Trade Union Institute. Brüssel.

Hönekopp, Elmar/Werner, Heinz (1999): Osterweiterung der Europäischen Union: Droht dem deutschen Arbeitsmarkt eine Zuwanderungswelle? – Einschätzung mit Hilfe von Wanderungsdeterminanten und den Erfahrungen mit dem bisherigen Integrationsprozeß der Europäischen Union, IAB-Kurzbericht Nr. 7 vom 17.8.1999. Nürnberg.

Laczak, Andrzej (2002): Economy and neighbourhood – social and political implications of economic development of Polish border regions, Manuskript, Vortrag, Workshop on Border Regions »Frontiers in Economic Research, Practical Experiences and Poltical Perspectives«. HWWA, Hamburg 16.–18.6.2002.

Mayerhofer, Peter (2002): Austrian Border Regions and Eastern Integration. A low Competitiveness – high Growth Paradoxon. Vortragsmanuskript: Workshop on Border Regions »Frontiers in Economic Research, Practical Experiences and Poltical Perspectives«. HWWA. Hamburg 16.–18.6.2002.

Molle, Willem (1994): The economics of European Integration. Aldershot.

Quaisser, W./Hartmann, M./Hönekopp,E./Brandmeier, M. (2000): Wirtschaftliche Konsequenzen der Osterweiterung für die Europäische Union. Hrsg von der Friedrich-Ebert-Stiftung. Bonn.

Robson, Peter (1987): The economics of international migration. London.

Sinn, Hans-Werner (Hrsg.; 2001): EU-Erweiterung und Arbeitskräftemigration: Wege zu einer schrittweisen Annäherung der Arbeitsmärkte. Studie im Auftrag des Bundesministeriums für Arbeit und Sozialordnung. Ifo-Beiträge zur Wirtschaftsforschung Nr. 2, München.

Tassinopoulos, A./Werner H. (1998): Mobility and migration of labour in the European Union, in: European Centre for the Development of Vocational Training: Mobility and migration of labour in the European Union and their specific implications for young people. Luxemburg.

Norbert Cyrus

Universität Oldenburg

EU-Osterweiterung und Arbeitsmigration – Politische Herausforderungen und Handlungsoptionen

Nach zähen und teilweise harten Verhandlungen ist der EU-Beitritt von zehn mittel- und osteuropäischen Ländern seit Dezember 2002 unter Dach und Fach. Die Gewährung der Arbeitnehmerfreizügigkeit war dabei ein besonders sensibles Verhandlungsthema, da die Kandidatenländer für ihre Bürger den freien Zugang zu den Arbeitsmärkten der EU-15 Länder mit dem Zeitpunkt des Beitritts erreichen wollten. Dagegen bestand die Europäische Union auf Drängen Deutschlands und Österreichs darauf, den Arbeitsmarktzugang erst nach einer Übergangszeit einzuräumen. Letztendlich wurde eine Regelung ausgehandelt, dic für alle beteiligten Seiten annehmbar ist und allgemein als gelungener politischer Kompromiss betrachtet wird (vgl. SWP 2002). Mit Blick darauf, dass der Beitritt der mittel- und osteuropäischen Kandidatenländer möglich wurde, kann der gefundene Kompromiss für den politischen Prozess der EU-Osterweiterung durchaus als positiv bewertet werden.

Die Verzögerung der Arbeitnehmerfreizügigkeit ist dennoch ambivalent einzuschätzen: Denn es bleibt festzuhalten, dass in Deutschland und Österreich eine negative Haltung gegenüber der Arbeitnehmerfreizügigkeit aus den Beitrittsländern erzeugt und verstärkt wurde. Im Hinblick auf die zu erwartende Zuwanderung aus den Beitrittsländern und dem prognostizierten Zuwanderungsbedarf ist die einseitige Betonung der Probleme bedenklich und kontraproduktiv. Die Übergangsregelungen wurden damit begründet, dass man Zeit brauche, um sich auf die Freizügigkeit einstellen zu können, doch bisher ist davon nichts zu spüren, dass die damit geschaffene Möglichkeit genutzt und die realen wie die beschworenen Probleme nicht einfach nur aufgeschoben werden. Damit ist für Deutschland und Österreich eine Situation eingetreten, in der erhebliche Anstrengungen nötig sein werden, um diese beiden Länder an die zukünftige Situation der Arbeitnehmerfreizügigkeit heranzuführen.

Bisher wird kaum über politische Konzepte und Maßnahmen diskutiert, die auf die bereits vollzogene Transnationalisierung von Arbeitsmärkten antworten und an die unweigerlich kommende MOE-Arbeitnehmerfreizügigkeit heranführen. Wenn aber keine »aktive Heranführung« erfolgt, dann ergeben sich mindestens drei Gefahren: Die mit dem Status Quo verbundenen, grundsätzlich aber schon seit längerem bestehenden Probleme transnationaler Arbeitsmigration (nicht nur) aus MOE-Staaten werden lediglich als Übergangsphänomene betrachtet und somit nicht mehr politisch konstruktiv bearbeitet. Damit wird aber auch die Chance vergeben, sich im Vorfeld politisch und institutionell auf die kommende Arbeitnehmerfreizügigkeit und die weitere Transnationalisierung der Arbeitsmärkte einzustellen. Schließlich besteht beim bloßen Weiterlaufen-lassen die Gefahr, dass die Diskussion zum Zeitpunkt der Vollendung der Arbeitnehmerfreizügigkeit von politischen Interessengruppen erneut entfacht wird – und dies mit hohem politischen Schaden.

Vor diesem Hintergrund sind Überlegungen und Konzepte nötig, die auf eine angemessenere Regelung der aktuellen und zukünftigen Arbeitskräftemobilität abzielen, damit eine vorweg genommene Anpassung an die zukünftige Situation der Arbeitnehmerfreizügigkeit und allgemein transnationalisierter Arbeitsmärkte erreicht werden kann, um so einem Wiederaufflammen von Ängsten vor einer Einführung der Arbeitnehmerfreizügigkeit bzw. ihrer populistischen Instrumentalisierung entgegenzuwirken. Es wäre dringend notwendig, den Zuwanderungsbedarf *und* die damit verbundenen Chancen stärker hervorzuheben. Auf bestehende Ängste sollte mit differenzierten und gut begründeten Maßnahmen zur schrittweisen Einführung der Freizügigkeit eingegangen werden. Eine mehr akzeptierende, öffnende Diskussion würde schließlich auch für die Beitrittsländer ein Signal dahingehend sein, dass die Erweiterung wirklich zu einem Abbau von Restriktionen führt. Dies würde die Akzeptanz des EU-Beitritts in den Beitrittsländern erhöhen. Als Beitrag zu einer »öffnenden Diskussion« werde ich im Folgenden eine kritische Rekapitulation der Diskussion über die Einführung der Arbeitnehmerfreizügigkeit aus der Perspektive der sozialwissenschaftlichen Migrationsforschung vornehmen[6] und abschließend Überlegungen zur schrittweisen Heranführung Deutschlands (und Österreichs) an die zukünftige Arbeitnehmerfreizügigkeit unterbreiten.

Kritische Rekapitulation der Diskussion um die Arbeitnehmerfreizügigkeit

Zur Entwicklung einer Heranführungsperspektive ist es hilfreich, zunächst noch einmal kurz die vorgetragenen Argumente gegen die sofortige Gewährung der

6 Dabei möchte ich betonen, dass ich mich auf die Arbeitsmigration beschränke. Die Zuwanderung als Folge einer Flucht vor Krieg, Bürgerkrieg, politischer Verfolgung oder staatlicher Diskriminierung unterscheidet sich von der Arbeitsmigration; sie weist andere Motive und Verlaufsformen auf (vgl. Richmond 1996). Vor allem die in Mittel- und Osteuropa lebenden Roma kommen als potenzielle Zuwanderungsgruppe in diesem Zusammenhang in Frage. Von Seiten der EU wären stabilisierende Maßnahmen und Bemühungen zur Vermeidung einer Diskriminierung von Roma in den Herkunftsländern migrationsvermeidend.

Freizügigkeit nachzuzeichnen und einzuordnen[7]. Vor allem von Seiten der Gewerkschaften wurden starke Vorbehalte gegen die sofortige Einführung der Arbeitnehmerfreizügigkeit vorgebracht. Mit Hinweis auf eine hohe Migrationsbereitschaft in den Beitrittsländern hatte die Industriegewerkschaft Bauen-Agrar-Umwelt (IG BAU) als federführende Einzelgewerkschaft für Arbeitnehmerinnen und Arbeitnehmer aus den Beitrittsländern in den von ihr vertretenen Bereichen eine mindestens zehnjährige Beschränkung der Freizügigkeit gefordert (IG-BAU 2000). Sie berief sich unter anderem auf Umfragen zur Migrationsbereitschaft in den Beitrittsländern im Allgemeinen und bestimmter Bevölkerungsgruppen im Besonderen. Danach hätten bis zu 4,8 Millionen Personen ein Migrationsinteresse bekundet. Eine hohe Migrationsbereitschaft, darauf weisen Demografen und Ökonomen nachdrücklich hin, bedeutet jedoch keineswegs, dass diese Personen tatsächlich migrieren. Erfahrungen mit der Süderweiterung der Europäischen Union und mit den Migrationsbewegungen nach 1989 belegen, dass die in Umfragen erklärte Migrationsbereitschaft in einem nur geringen Umfang tatsächlich eingelöst wird. Darüber hinaus bezieht sich das erklärte Interesse zur Migration überwiegend auf zeitlich befristete Aufenthalte. Mitte der 1990er Jahre in Polen durchgeführte Umfragen mit Anspruch auf Repräsentativität ergaben, dass zwei Drittel der Befragten keine Auswanderungsabsicht hatten. Ein Drittel der Befragten bekundete ein Interesse an einer zeitlich befristeten Migration, wobei der Zeitraum zwischen drei Monaten und einem Jahr lag. Nur insgesamt drei Prozent äußerten Interesse an einer dauerhaften Auswanderung (Slany [Hrsg.] 1997). Das Migrationsinteresse bezieht sich somit ausdrücklich vor allem auf eine temporäre oder Pendelmigration, bei der der Lebensmittelpunkt im Heimatland gerade nicht aufgegeben wird (Morokvašić 1994; Cyrus 2000). Prognosen auf der Grundlage einer erfragten Migrationsabsicht führen vielfach eher zur Überschätzung des Migrationspotenzials. Auf Grund der Erfahrungen mit mehr oder weniger repräsentativen Umfragen zur Ermittlung der Migrationsbereitschaft lässt sich mit Sicherheit nur sagen, dass eine ermittelte Bereitschaft zur Migration keine gesicherten Rückschlüsse über die tatsächliche Durchführung einer Migration zulässt.

Methodisch anspruchsvoller, letztlich aber nicht wirklich »härter«, sind die Ergebnisse ökonometrischer Modellrechnungen. Dabei werden unterschiedliche Ansätze benutzt. Auf der Grundlage der Erfahrungen mit der EU-Süderweiterung wird das Migrationspotenzial im Analogieverfahren geschätzt. Oder es wird mit dem Indikator der Lohndifferenz gearbeitet[8]. Übereinstimmend wird in diesen Studien davon ausgegangen, dass die Wanderungszuflüsse nach Deutschland bei der Gewährung der Freizügigkeit zunächst stark ansteigen und dann zurückgehen werden. Allerdings bestehen erhebliche Unterschiede bei der Progno-

7 Der Text basiert auf meiner Stellungnahme zur öffentlichen Expertenanhörung, die der Bundestagsausschuss für Angelegenheiten der Europäischen Union am 4. April 2001 in Berlin durchgeführt hat.

8 Eine auch dem ökonomischen Laien verständliche kritische Darstellung der ökonometrischen Studien haben Fassmann/Münz (2002) und Dietz (2003) vorgelegt.

se des Umfanges der Zuwanderung. Die entsprechenden Zahlen liegen für die zehn Beitrittsländer zwischen 120 000 bzw. 380 000 Zuwanderungsfällen für die Anfangszeit und 50 000 bzw. 200 000 nach zehn Jahren (zum Überblick vgl. insbes. Fassmann/Münz 2002; Dietz 2003; Griffiths/Goedings 1998; European Commission 2001). Die erheblichen Differenzen verweisen darauf, dass ökonometrische Studien methodisch nicht unproblematisch sind. Die Unterschiede ergeben sich durch unterschiedliche Ausgangsszenarien und Modellannahmen, aber auch durch unterschiedliche Referenzgruppen: In einigen Studien wird nur die Arbeitskräftemigration behandelt, in anderen Studien wird die Gesamtmigration einschließlich mitziehender Familienangehöriger geschätzt. Auch bei den Einschätzungen der Auswirkungen auf die Arbeitsmärkte in den Aufnahmeländer ergeben sich Differenzen.

Da die Aussageeinheit nicht eindeutig definiert ist, bleibt unklar, ob die Schätzungen nur die dauerhafte Zuwanderung oder auch die temporäre Arbeitsmigration umfassen. Es wird nicht deutlich, wie die bereits stattfindende temporäre Beschäftigung von Arbeitnehmerinnen und -nehmern aus den Beitrittsländern in den Prognosen berücksichtigt wird. Es ist auch nicht ersichtlich, ob die Prognosen vom unrealistischen Idealfall der Einhaltung der bestehenden Vorschriften ausgehen oder auch die vorschriftswidrige und illegale Beschäftigung einschließen. Schließlich wird auch nicht auf die Rückwanderung, die im erheblichen Umfang stattfindet, eingegangen.

Bei ökonometrische Studien, die sich auf das Einkommensdifferenzial konzentrieren, wird vom unrealistischen Idealfall einer ungehinderten Mobilität ausgegangen (Dietz 2003). Faktisch bestehende Migrationsbarrieren, etwa soziale Bindungen am Herkunftsort, hohe Transaktionskosten bei der Realisierung einer Migrationsabsicht, soziale Abwertung von Qualifikation durch Migration, begrenzte Aufnahmefähigkeit der Arbeitsmärkte im Zielland oder weiter bestehende rechtliche Einschränkungen der Niederlassungsbedingungen werden nicht angemessen berücksichtigt. Außerdem ist auch die Freizügigkeit innerhalb der EU rechtlich reguliert und institutionell eingeschränkt. So können zum Beispiel die Systeme der sozialen Absicherung (Sozialhilfe, Gesundheit) nur dann über eine längeren Zeitraum in Anspruch genommen werden, wenn ein sicherer Aufenthaltsstatus bereits zuvor erworben wurde. Ein Anspruch auf Leistungen aus gebührenfinanzierten Sozialversicherungen entsteht erst im Anschluss an einen bestimmten Zeitraum der Beitragszahlung. Eine Zuwanderung zum Zwecke des Bezugs von Sozialleistungen ist daher weitgehend ausgeschlossen (vgl. Schulte 2002).

Ein weiteres Problem einiger ökonometrischer Studien besteht darin, dass die Erfahrungen mit der Süderweiterung der Europäischen Union in einem Analogieverfahren als Referenzrahmen herangezogen wurden. Dabei wurde aber vernachlässigt, dass die Osterweiterung der EU in einem stark veränderten Kontext ablaufen wird. Auf Grund der voranschreitenden Flexibilisierung und Transnationalisierung der Arbeitsmärkte und der europäische Integration mit der Vollendung des gemeinsamen Marktes besteht eine deutlich höhere Mobilität bei der Entsendung von Arbeitnehmern im Rahmen der Dienstleistungsfreiheit. Diese Form der grenzüberschreitenden Arbeitskräftemobilität entspricht nicht mehr den theoretischen Modellannahmen, die von einem vereinzelten *homo oeconomicus* ausgehen.

Insgesamt lässt sich festhalten, dass die Schätzungen auf Grundlage ökonometrischer Studien übereinstimmend unterhalb der von den Freizügigkeitsgegnern angeführten Zahlen bleiben. Unklar bleibt jedoch, wie die prognostizierten Zahlen zu bewerten sind: Sind 120.000 bzw. 380.000 Zuwanderungsfälle jährlich eigentlich viel oder wenig? Im Vergleich zu den aktuellen Zahlen von rund 600.000 statistisch erfassten registrierten Zuzügen pro Jahr – bei etwa gleich vielen Fortzügen(!) – erscheinen die prognostizierten Zahlen nicht dramatisch. Es stellt sich die Frage, ob die bereits stattfindenden Zu- und Fortzüge aus den Beitrittsländern – zum Beispiel Polen mit 70.000 pro Jahr – in die Prognosen eingebunden sind oder zusätzlich gezählt werden? Die Bewertung der Zahlen sollte außerdem auch im Kontext anderer gesellschaftspolitischer Diskussionen erfolgen: So wird im Zusammenhang mit dem demographischen Wandel in Deutschland von einem steigenden Bedarf an Zuwanderung ausgegangen (Unabhängige Kommission Zuwanderung 2001; vgl. auch Migrationsreport 2000). Im Verhältnis zu dem hier genannten Zuwanderungsbedarf von durchschnittlich 300.000 Personen wären die genannten Zahlen eher niedrig. Andererseits kann es durch sektorale oder regionale Konzentrationen der Zuwanderung durchaus zu Situationen kommen, die von der ortsansässigen Bevölkerung als bedrohlich erlebt werden.

Perspektive der sozialwissenschaftlichen Migrationsforschung

Aus sozialwissenschaftlicher Sicht werden die theoretischen Modellannahmen, die von einer allein am Einkommensdifferenzial ausgerichteten Entscheidungs- und Wanderungslogik individueller Akteure ausgehen, als unzureichend angesehen (vgl. Massey 1998; Schmitter Heisler 2000). Migration ist ein hochkomplexer Prozess, der bisher nicht vollständig erforscht und verstanden ist.

In der deutschsprachigen Diskussion über die Folgen der MOE-Freizügigkeit wurde einseitig die Situation in den Herkunftsländern thematisiert: In der Debatte wurde vor allem auf migrationsauslösende Druckfaktoren (*push*) in den Beitrittsländern abgehoben. Die Aufnahmeseite mit möglichen Sogfaktoren (*pull*) wurde vernachlässigt. Migration wurde als Phänomen dargestellt, das die aufnehmenden Länder ohne eigenes Zutun passiv erleiden (zur Kritik an dieser Vorstellung siehe insbesonders Sassen 1996). Dagegen hat die sozialwissenschaftliche Migrationsforschung gezeigt, dass neben den Druckfaktoren im Herkunftsland auch Sogfaktoren im Aufnahmeland, die staatliche Politik der betroffenen Länder und die Netzwerkaktivitäten von Migrantinnen und Migranten bei der Entstehung von Migration wie ein zusammenhängendes System ursächlich zusammenwirken.

In der sozialwissenschaftlichen Migrationsforschung wird der systemische Charakter von Migration und die Bedeutung von Netzwerken betont (vgl. Waldrauch 1995; Pries 2001; Kritz/Zlotnik [Hrsg.] 1992; Gurak/Caces 1992; Bade 2000; Cyrus 2000). Nach diesem Verständnis hängt die tatsächliche Durchführung einer Migration von einer Vielzahl von Voraussetzungen ab und kann trotz erklärter Absicht aus einer Vielzahl unterschiedlicher Gründe unterbleiben: Die Bindungen an den Heimatort können so stark sein, dass eine Abwanderung gar nicht erst versucht wird. Eine ernsthafte Abwanderungsabsicht scheitert auch, wenn eine Person nicht über ausreichendes ökonomisches Kapital (Geld zur Finanzierung von Reise und Aufenthalt), kulturelles Kapital (Kenntnisse über Reiserouten und -möglichkeiten sowie im Aufnahmeland nachgefragte Qualifikationen, vor allem Sprachkenntnisse) und/oder soziales Kapital (Kontakte zu sozialen Netzwerken, die bei der Reise sowie der Arbeits- und Wohnungssuche als »Migrationsbrücken« Unterstützung leisten) verfügt (vgl. Bourdieu 1983). Aus diesen Gründen können gerade die Ärmsten eine Migrationsabsicht in der Regel nicht allein realisieren.

Eine Einschätzung des Migrationspotenzials wird darüber hinaus dadurch erschwert, dass Personen ohne erklärte Migrationsabsicht durch den Kontakt zu Migrationsnetzwerken zu einer Migration veranlasst werden können. Im Falle der Arbeitsmigration aus Polen sind insbesondere durch die Möglichkeit der Werkvertragsbeschäftigung Arbeitnehmer, denen eigentlich die individuellen Voraussetzungen fehlten, zur Arbeitsmigration veranlasst worden. Die Entsendeunternehmen fungierten hier als »Migrationsbrücke« (Cyrus 1995). Migrationsnetzwerke vermitteln Informationen über die Möglichkeiten am Zielort und haben auch eine Funktion der Eingrenzung und »Steuerung« von Migrationsströmen (Gurak/Caces 1992). Auf Grund dieser Erkenntnisse der Migrationsforschung ist davon auszugehen, dass die individuelle, nicht durch staatliche Ausnahmeregelungen oder Anwerbemaßnahmen stimulierte Arbeitsmigration vor allem aus denjenigen Beitrittsländer zu erwarten ist, aus denen bereits Zugewanderte in Deutschland leben. Migrationsnetzwerke ermöglichen aber Migration nicht nur, sondern erbringen auch eine »Übersetzungsleistung« zwischen dem Migrationspotenzial und den eventuelle knappen Opportunitäten am Zielort.

Generell lässt sich sagen, dass diejenigen Personen zur Migration tendieren, die Kontakt zu Migrationsnetzwerken haben, sich von einer Migration deutliche finanzielle Vorteile oder erhöhtes Prestige versprechen und über die nachgefragten Qualifikationen verfügen. Diese Qualifikationen bestehen vor allem in Kenntnissen der Sprache des Aufnahmelandes, nachgefragten handwerklichen Kenntnissen und vor allem in der Bereitschaft, die angebotenen Arbeits- und Lebensbedingungen zu akzeptieren. Die erfolgreiche Realisierung einer Migrationsabsicht wird in der Regel erst durch die Beschäftigung von Arbeitskräften mit bestimmten Qualifikations- und Entlohnungsprofil ermöglicht (Cyrus/Vogel 2002a).

Die Entwicklung der Zuwanderung aus den MOE-Staaten in Länder der EU-15 wird letztendlich durch die Entwicklung auf den Arbeitsmärkten im Zielland selbst bestimmt: Der zentrale limitierende Faktor ist die Aufnahmefähigkeit der Arbeitsmärkte im Zielland. Dies lässt sich auch am Beispiel der Personen zeigen, die als Aussiedler Anfang der 1990er Jahre die deutsche Staatsangehörigkeit bestätigt bekamen, jedoch weiterhin in Polen leben, aber unbeschränkten Zugang zum deutschen Arbeitsmarkt genießen (vgl. Musial 2002). Verschiedene polnische Studien zeigen, dass diese Personengruppe trotz der für sie bestehenden Arbeitnehmerfreizügigkeit überwiegend nur im informellen Sektor Beschäftigung findet (vgl. Urbanek 1999; Rauzinski 2000; Jończy, 2000). Ein solcher Zugang zu informeller Beschäftigung besteht aber bereits seit 1991 auf Grund der Visumsfreiheit für alle polnischen Staatsangehörigen und ist unabhängig von der Gewährung der Arbeitnehmerfreizügigkeit. Es ist nicht zu erwarten, dass sich durch die Umstrukturierung der Landwirtschaft im Zuge der EU-Integration das Auswanderungspotenzial erhöht, denn die unmittelbar betroffenen Personenkreise verfügen nicht über die zur Realisierung der grenzüberschreitenden Migration notwendigen »Kapitalsorten«, insbesondere Sprachkenntnisse und Kontakte. Es ist damit zu rechnen, dass eine Abwanderung dieser Personenkreise in die urbanen Zentren des eigenen Landes führt (Möller 2001). Für besser qualifizierte Personenkreise, die über die Schlüsselqualifikation »Sprachkenntnis« verfügen, wird eine dauerhafte Arbeitsmigration dagegen immer weniger attraktiv. In den Beitrittsländern haben sie inzwischen relativ gute Aussichten auf eine gut bezahlte und ihren Qualifikationen entsprechende Beschäftigung (Fassmann/Münz 2002).

Zurzeit ist auch nicht mit größeren Wanderungsbewegungen aus den »nicht beitretenden Ländern« (Bulgarien, Rumänien, Ukraine) zu rechnen, da die faktischen Voraussetzungen für die Zuwanderung sowie die Opportunitäten nicht gegeben sind. Auf Grund der etablierten Migrationssysteme und -netzwerkstrukturen ist zu erwarten, dass sich Migration und Mobilität in und aus diese(n) Länder(n) auch nach der EU-Osterweiterung weiterhin im MOE-Raum abspielen werden. Die Beitrittsländer werden mit der Übernahme des *acquis communitaire* auch die rechtliche Möglichkeit haben, eine Entsenderegelung einzuführen, um die Standards auf den einheimischen Arbeitsmärkten zu schützen. Der innerhalb der mittel- und osteuropäischen Region massenhaft praktizierte »Handelstourismus« und die Arbeitsmigration in den informellen Arbeitsmarkt werden solange innerhalb der »Pufferzone« der MOE-Staaten verbleiben, wie sich für diese Nationalitäten keine Möglichkeiten in den EU-15 Ländern ergeben. Zurzeit bildet die Beibehaltung der Visafreiheit bzw. die Erleichterung der grenzüberschreitenden Mobilität zwischen den beitretenden und nicht beitretenden MOE-Staaten noch die Grundlage für die ökonomische Aktivität von mehreren Millionen Menschen (Wallace/Sidorenko1999). Die Einschränkung dieser grenzüberschreitenden Aktivitäten könnte jedoch die Existenzgrundlage dieser mobilen Menschen bedrohen und die Bereitschaft erhöhen, Wege in den Westen zu suchen.

Notwendige Differenzierung nach rechtlichen Mustern

Zuwanderung weist unterschiedliche Muster und Verlaufsformen auf, die jeweils eigenen Logiken und Gesetzmäßigkeiten folgen. Aus diesem Grunde darf eine seriöse Einschätzung und Prognose nicht pauschal erfolgen, sondern hat die Migrationsmuster für sich zu betrachten (vgl. Massey 1998; Han 2000; Brettel/ Hollifield [Hrsg.] 2000). Die Debatte über die Gewährung der MOE-Freizügigkeit ließ die notwendige Differenzierung jedoch überwiegend vermissen. Es wurde sehr pauschal von Arbeitnehmerwanderung bzw. Arbeitsmigration gesprochen. In der wirtschaftswissenschaftlich dominierten Diskussion wurde die Tatsache vernachlässigt, dass Zuwanderung nicht allein auf ökonomische Disparitäten und Opportunitäten reagiert, sondern maßgeblich auch durch staatliche Regelungen, die den Zugang zum Land und zum Arbeitsmarkt eröffnen bzw. verschließen, bestimmt und ausdifferenziert wird (vgl. Hollifield 2000; Davy [Hrsg.] 2001). Für die EU-Osterweiterung können hinsichtlich der Arbeitskräftemobilität vier rechtliche Kategorien unterschieden werden: die individuelle Arbeitnehmerfreizügigkeit, die Beschäftigung im Rahmen der Dienstleistungsfreiheit, die Niederlassung von Selbstständigen und die illegale Beschäftigung. Zur Einschätzung dieser mit rechtlichen Kategorien gebildeten Migrationsmuster ist es aufschlussreich, die Erfahrungen heranzuziehen, die für diese Formen der Zuwanderung in den 1990er Jahren in Deutschland jeweils vorliegen. Ganz allgemein lässt sich sagen, dass die grenzüberschreitende Beschäftigung überwiegend nicht als reguläre Beschäftigung im Rahmen der Arbeitnehmerfreizügigkeit oder der Niederlassung von Selbstständigen erfolgte, sondern im Rahmen der Dienstleistungsfreiheit als grenzüberschreitende Werkvertragsbeschäftigung sowie als illegale Beschäftigung.

Die individuelle Arbeitnehmerfreizügigkeit bezieht sich auf die erstmalige Beschäftigung neu zuziehender ausländischer Arbeitnehmerinnen und Arbeitnehmer bei Unternehmen mit Sitz in Deutschland (vgl. Schulte 2002). Unter den aktuell geltenden Bedingungen, die eine Gleichstellung der beschäftigten ausländischen Arbeitskräfte mit den inländischen vorschreiben, ist der Anreiz zur Inanspruchnahme der Arbeitnehmerfreizügigkeit für inländische Unternehmen gering. In der Regel wird es nur dann zur Beschäftigung kommen, wenn eine Arbeitnehmerin bzw. ein Arbeitnehmer über dringend nachgefragte Spezialkenntnisse verfügt. Die Beschäftigung im Rahmen der Arbeitnehmerfreizügigkeit wird dann inländische Arbeitsplätze sichern helfen.

Eine sektorale Ausnahme bilden allerdings Bereiche mit geringen Qualifikationsanforderungen und hoher Arbeitsintensität. Vor allem im Agrarbereich und bei Hilfstätigkeiten im Baugewerbe wird eine Zunahme der Beschäftigung ausländischer Arbeitskräfte im Rahmen der Arbeitnehmerfreizügkeit befürchtet. Gerade diese Bereiche weisen bereits heute einen hohen Anteil an Wanderarbeitskräften auf: Im Agrarbereich findet seit Anfang der 1990er Jahre eine Beschäftigung ausländischer Arbeitkräfte im Rahmen der von der Bundesanstalt für Arbeit verwalteten Saisonarbeit statt; sie kommen zu 90 Prozent aus Polen. Für das Baugewerbe ist auf den Einsatz von Werkvertragsarbeitnehmern und die illegale Beschäftigung hinzuweisen, der weit problematischer ist als die individuelle Arbeitnehmerfreizügigkeit (vgl. Faist 1995; Treichler 1999). Da der spezifische Bedarf an billigen und flexiblen Arbeitskräften auf diesen Arbeitsmärkten bereits heute durch ausländische Wanderarbeiterinnen und -arbeiter abgedeckt wird, ist durch die Einführung der individuellen Arbeitnehmerfreizügigkeit auch für diese Bereiche nicht mit einer Verdrängung inländischer Arbeitskräfte zu rechnen.

Auf Grund der bisherigen Erfahrungen mit der Arbeitsmigration in Deutschland kann davon ausgegangen werden, dass die reguläre Arbeitnehmerfreizügigkeit keine Verdrängung bereits beschäftigter inländischer Arbeitskräfte hervorrufen wird, solange die Einhaltung der tariflichen und arbeitsrechtlichen Standards durchgesetzt werden kann. Eine schnelle Einführung der Arbeitnehmerfreizügigkeit eröffnet dagegen die Chance, dass zurzeit schattenwirtschaftlich ausgeübte Tätigkeiten in die formelle Wirtschaft zurückkehren können. Ich denke hier insbesondere an zahlreiche Pendelmigrantinnen aus Polen, die zum Teil seit über zehn Jahren in Haushalten in Deutschland unangemeldet arbeiten und keine Möglichkeit haben, dieser Tätigkeit offiziell nachzugehen (Gather/ Geisler/ Rerrich [Hrsg.] 2002; Cyrus 2003a). Die schnelle Einführung der Arbeitnehmerfreizügigkeit wäre auch ökonomisch sinnvoll: Aufwändige und kostspielige Arbeitsgenehmigungsverfahren könnten vereinfacht werden oder ganz wegfallen. Die Einstellung qualifizierter Arbeitskräfte könnte unbürokratischer und schneller erfolgen. Es bestehen keine rechtlichen Barrieren, die einer schnellen Einführung der Arbeitnehmerfreizügigkeit im Wege stehen.

Die Niederlassung von Selbstständigen aus MOE-Staaten ist für alle zehn Beitrittskandidaten durch EU-Assoziationsabkommen ermöglicht. Die im Zusammenhang mit dem Abschluss dieser Abkommen geäußerte Befürchtungen hinsichtlich einer massenhaften Zuwanderung von Selbstständigen, die sich in den Mitgliedsländern der Europäischen Union niederlassen und etwa als Ärzte praktizieren, haben sich nicht bestätigt (Böcker/Guild 2002; Böcker 2002). Die Möglichkeit zur Ausübung einer selbstständigen Tätigkeit wurde überwiegend von Personen in Anspruch genommen, die bereits im Inland leben. Die Niederlassung von Selbstständigen aus dem Ausland könnte auch deshalb gering ausgefallen sein, weil die Einhaltung von Vorschriften und Bedingungen verlangt wird: So muss zum Beispiel für die Ausübung von Handwerksberufen die erforderliche Qualifikation (Meisterbrief) nachgewiesen werden. Außerdem müssen alle Antragsteller einen Kapitalgrundstock von mindestens 25.000 Euro vorweisen können.

Vor dem Hintergrund dieser Erfahrungen ist nicht damit zu rechnen, dass es zu einer massenhaften Niederlassung von Selbstständigen kommen wird, solange die entsprechenden Regelungen und Anforderungen an die Niederlassungsfreiheit bestehen bleiben. Allerdings wird es im Rahmen einer europäischen Harmonisierung zu Veränderungen der Zulassungsbedingungen kommen. Dann wird eventuell eine sechsjährige Berufserfahrung als Geselle dem Meisterbrief im Handwerk entsprechen. Diese Regelung wird dann aber nicht allein für die Niederlassung von Selbstständigen aus den MOE-Staaten, sondern aus allen EU-

Mitgliedsstaaten gelten. Die Verschärfung der Konkurrenz im Dienstleistungssektor steht also weniger im Zusammenhang mit der Osterweiterung, sondern ist Teil des europäischen Integrationsprozess.

Die Frage nach der Gewährung bzw. Einschränkung der Dienstleistungsfreiheit ist für die Situation auf lokalen und regionalen Arbeitsmärkten weitaus bedeutungsvoller als die individuelle Arbeitnehmerfreizügigkeit. Dies belegen die Erfahrungen nach der Einführung der vollen Dienstleistungsfreiheit 1993 in der Europäischen Union. Die Dienstleistungsfreiheit, die neben der Freizügigkeit von Arbeitskräften, Kapital und Waren zu den vier Grundfreiheiten der Europäischen Union gehört, ist historisch betrachtet erst als letzte Freiheit voll verwirklicht worden, und das aus gutem Grund, wie sich in den 1990er Jahren gezeigt hat: Die Verwirklichung der Dienstleistungsfreiheit bedeutet, dass Arbeitskräfte von ihren Arbeitgebern in ein anderes Land entsandt werden können, um dort zu den Lohn- und Arbeitsbedingungen des Entsendelandes tätig zu werden. Auf Grund der Dienstleistungsfreiheit ist es somit seit 1993 möglich, dass zum Beispiel Bauarbeiter aus Portugal für portugiesische Löhne in Deutschland eingesetzt werden. Dieser Sachverhalt hat relativ schnell zu erheblichen Verwerfungen auf bestimmten Arbeitsmarktsegmenten in europäischen Hochlohnländern geführt (vgl. Köbele/ Leuschner [Hrsg.] 1995).

In den 1990er Jahren nahm die legale Entsendung aus EU-Mitgliedstaaten von Jahr zu Jahr zu und erreichte 1996 mit insgesamt fast 180.000 entsandten Arbeitskräften einen Höhepunkt (Faist/Sieveking/ Reim/Sandbrink [Hrsg.] 1999). Der Anteil der auf deutschen Baustellen legal tätigen ausländischen Werkvertragsarbeitnehmer an der Gesamtzahl der auf inländischen Baustellen beschäftigten gewerblichen Arbeitskräfte war im Zeitraum 1992 bis 1998 von 10,5 % auf ca. 17,2 % angestiegen. 16,5 % der gewerblichen Arbeitskräfte waren entsandt und somit nicht komplett in das einheimische Tarifvertragssystem integriert. Mit dem Rückgang der Bautätigkeit nahm auch die Zahl der entsandten Arbeitskräfte ab 1997 wieder ab und lag im Jahresmittel bei 169.000 legal Entsandten. Bis 1994 erfolgte der Einsatz von entsandten Arbeitskräften komplementär zur hiesigen Beschäftigung, denn die Zahl der bei einheimischen Baubetrieben Beschäftigten nahm von 1991 bis 1994 um fast 100.000 auf 1,08 Mill. zu.

Die Verdrängung einheimischer Beschäftigter begann 1995, als trotz rückläufiger Zahlen sozialversicherungspflichtig beschäftigter Bauarbeiter (um minus 245.000 von 1995 bis 1998) der Umfang der entsandten Arbeitnehmer aus EU-Staaten noch zunahm. Dabei gab es deutliche regionale Akzente mit hohen Effekten der Verdrängung tariflich eingebundener Arbeitskräfte: In Berlin stieg das Bauvolumen von 1992 bis 1995 um ca. 40% an, während die Zahl der sozialversicherungspflichtig Beschäftigten annähernd konstant blieb. Seit 1996 gehen Bauvolumen und Beschäftigung hier zurück. Ende der 1990er Jahre wurden in Berlin gerade einmal so viele Bauarbeiter im Bauhauptgewerbe beschäftigt wie 1990 allein im Westteil der Stadt. In Berlin wurden 1998 Bautätigkeiten ausgeführt, die für mindestens 88.000 Beschäftigten Arbeit boten. Offiziell waren aber nur 28.000 Arbeitskräfte von Berliner Bauunternehmen registriert: »Die fehlenden rund

60.000 Beschäftigten kommen entweder aus anderen Bundesländern (wegen des Lohnkostenvorteils vermutlich aus den umliegenden Bundesländern), sind legal und illegal entsandte Arbeitnehmer aus dem Ausland oder einheimische ›Schwarzarbeiter‹« (Bosch/Worthmann/Zühlke-Robinet 2000, S. 676).

Die Zahl der arbeitslos gemeldeten Bauarbeiter stieg in Berlin auf über 35.000 an. Die Reorganisation der Arbeitsverhältnisse weg von tariflichen und hin zu außertariflichen und informellen Arbeitsverhältnissen gefährdete den sozialen Frieden. Erst mit dem 1997 in Kraft getretenen Arbeitnehmerentsendegesetz war die gesetzliche Grundlage gegeben, dass die tariflichen Lohn- und Arbeitsbedingungen am Arbeitsort für alle Arbeitskräfte unabhängig vom Standort des Arbeitgebers verbindlich erklärt wurden. Mit dieser Maßnahme wurden die bis dahin auf Grund der EU-internen Dienstleistungsfreiheit bestehenden »Inseln fremden Arbeitsrechts« rechtlich abgeschafft (Faist/Sieveking/Reim/ Sandbrink [Hrsg.] 1999). Diese Regelungen sind aber beschränkt auf das Bauhauptgewerbe (und die Hafenschlepperassistenz). Nach den bisherigen Erfahrungen wird die Dienstleistungsfreiheit vor allem in den städtischen Ballungsräumen in denjenigen Branchen zunehmen, die das rechtliche Instrument der Werkvertragsvergabe praktizieren. Ausgehend von diesen Erfahrungen ist die Regulierung der Dienstleistungsfreiheit dringend angezeigt, nicht erst im Hinblick auf die EU-Osterweiterung, sondern auch im Hinblick auf die bereits vollzogene binneneuropäische Dienstleistungsfreiheit.

Die ungeregelte Entsendung von Arbeitskräften im Rahmen der Dienstleistungsfreiheit, bei der durch die legale Ausnutzung regionaler Lohnkostenunterschiede oder Durchsetzung vorschriftswidriger Beschäftigung als unfair angesehene Wettbewerbsvorteile erreicht werden, bleibt politisch brisant. Zur Regelung könnte das Instrument des Arbeitnehmerentsendegesetzes auf andere Branchen ausgeweitet werden, zum Beispiel auf das Reinigungsgewerbe, das Hotel- und Gaststättengewerbe oder das Schaustellergewerbe. Eine weitere Schutzmaßnahme wäre die Einführung eines gesetzlichen Mindestlohnes, der in anderen EU-Mitgliedsstaaten besteht. Diese Regulierungsformen der Dienstleistungsfreiheit bilden keine Beschränkung, sondern – wenn man die Erfahrungen der 1990er Jahre im Baubereich betrachtet – eine notwendige Maßnahme, um die Rahmenbedingungen wirtschaftlicher Tätigkeiten zu erhalten. Auch durch die Einführung von Mindeststandards wären weiterhin Wettbewerbschancen für Dienstleistungsunternehmen durch geringere Sozialkosten und die wahrscheinliche Stagnation der Entlohnung auf den Mindestlohn gegeben.

Schließlich kann es im Zusammenhang mit der Arbeitsmigration aus Mittel- und Osteuropa auch durch die Zunahme illegaler Beschäftigung zu Verdrängungseffekten kommen. Die Ausweitung der Schattenwirtschaft ist ein weltweiter Trend und kann nicht durch die Transformation in Mittel- und Osteuropa erklärt werden (vgl. Enquête Kommission Globalisierung 2002). Es lässt sich nicht mit Sicherheit einschätzen, ob es durch die Beschränkung der Arbeitnehmerfreizügigkeit zu einer Verfestigung und Ausweitung illegaler Beschäftigung kommen wird. Es kann jedoch davon ausgegangen werden, dass mit Beschränkungen der jetzige Status quo der illegalen Beschäftigung aufrecht erhalten bleibt. Problematisch bleibt die illegale Beschäftigung ausländischer Arbeitskräfte aber auch deshalb, weil soziale und tarifliche Standards unterlaufen und nicht selten Ausbeutungsverhältnisse durchgesetzt werden, die menschenrechtlich und zivilgesellschaftlich nicht akzeptabel sind.

Entscheidend für das Anwachsen der Schattenwirtschaft in den Aufnahmeländern ist nicht das Migrationspotenzial, sondern das Beschäftigungsverhalten der Auftrag- und Arbeitgeber, das wiederum von dem Risiko der Aufdeckung und der Härte der zu erwartenden Sanktionen beeinflusst wird (vgl. Schneider/Ernste 2000; Nienhüser 1999). Für die Vermeidung negativer Effekte der Zuwanderung auf die örtlichen Arbeitsmärkte wird daher der Erfolg von Maßnahmen zur Zurückdrängung von Schattenwirtschaft in der Europäischen Union von zentraler Bedeutung sein. Eine erfolgreiche Bekämpfung illegaler Beschäftigung und Schwarzarbeit hat größeren Einfluss als die Einführung einer Übergangsregelung. Zur Vermeidung negativer Effekte der Zuwanderung ist allerdings die Durchsetzung der Gleichbehandlung und der tariflichen bzw. ortsüblichen Standards notwendig.

Unter der Voraussetzung, dass die vorgeschriebenen sozialen und tariflichen Standards eingehalten bzw. durchgesetzt werden, kann davon ausgegangen werden, dass die Arbeitnehmerfreizügigkeit nicht zu größeren Verdrängungsbewegungen führen wird. Auch die im Rahmen der Dienstleistungsfreiheit von Selbstständigen durchgeführten Tätigkeiten werden unter der genannten Bedingung zu keiner Verdrängung führen. Problematisch wird jedoch die Entsendung von Arbeitskräften im Rahmen der Dienstleistungsfreiheit und die illegale Beschäftigung ausländischer Arbeitnehmerinnen und Arbeitnehmer bleiben. Hier ist zu erwarten, dass bei einer unregulierten Dienstleistungsfreiheit die Entsendung von Arbeitskräften stark ansteigen wird und zu Verdrängungseffekten auf lokalen Arbeitsmärkten führt.

Politische Herausforderungen und Handlungsansätze

Die wissenschaftlichen Prognosen zur zukünftigen Entwicklung der Zuwanderung aus MOE-Staaten zeigen, dass die Einführung der Arbeitnehmerfreizügigkeit keine Massenzuwanderung zur Folge haben wird. Aber bei einer öffnenden Argumentation sollte nicht geleugnet werden, dass es im Prozess der kapitalistischen Entwicklung immer Gewinner und Verlierer gab und geben wird. Die Analyse der Erfahrungen mit der MOE-Arbeitsmigration in den 1990er Jahren hat verdeutlicht, dass es auf lokalen Arbeitsmärkten oder in bestimmten Branchen durchaus zu Problemen kommen kann. Auf die besondere Problematik einer ungeregelten Dienstleistungsfreiheit und der illegalen Beschäftigung wurde schon hingewiesen. Aber diese Probleme auf den Arbeitsmärkten bestehen bereits seit längerem; von daher kann die EU-Osterweiterung hierfür nicht verantwortlich gemacht werden. Vielmehr bilden allgemeinere Trends wie Globalisierung der Wirtschaft, Konkurrenz im gemeinsamen Binnemarkt (Europäische Integration),

Deregulierung, Tarifflucht, Informalisierung, Konjunkturflaute usw. die Rahmenbedingungen (vgl. Cyrus 2003b; Bosch/Worthmann/ Zühlke-Robinet 2000; Enquête Kommission Globalisierung 2002).

Die kritische Rekapitulation der Diskussion über die Übergangsbeschränkungen hat gezeigt, dass die an der Diskussion Beteiligten teilweise von unzutreffenden Annahmen ausgehen und mit unzulässigen Verallgemeinerungen arbeiten. Die Akzeptanz der vollen Realisierung der MOE-Freizügigkeit wird mental durch eine weit verbreitete skeptische bis ablehnende Haltung blockiert. Scheinbare Bestätigung findet diese Ablehnung durch tatsächlich bestehende Pobleme auf dem Arbeitsmarkt, die pauschal mit der EU-Osterweiterung in Verbindung gebracht werden. Eine seriöse Diskussion und politische Bearbeitung darf keine pauschale Bewertung vornehmen, sondern sollte problemorientierte, differenzierte Ansätze verfolgen. Ob es dabei mehr in Richtung marktliberaler oder mehr sozialpolitischer Arrangements gehen soll, ist eine politische Entscheidung. Fest steht jedoch, dass die Staatsangehörigen der MOE-Beitrittsländer nach dem europäischen Grundprinzip der Nichtdiskriminierung beim Zugang zum Arbeitsmarkt nicht auf Dauer schlechter gestellt werden dürfen. Europapolitisch wünschenswert ist eine zügige Realisierung der Arbeitnehmerfreizügigkeit. Beschränkungen sollten möglichst nur für kurze Zeitspannen eingeführt werden und Spielräume ermöglichen.

Abschließend sollen für Deutschland Überlegungen für eine Politik des Heranführens an die neuen Gegebenheiten skizziert werden, die sich pragmatisch an dem Diskussionsstand und dem realen Migrationsgeschehen orientieren und dabei das Ziel der Formulierung und Durchsetzung sozialer und tariflicher Standards verfolgen. Prinzipiell geht es um drei Ansatzpunkte, die der weiteren Präzisierung im Hinblick auf die juristische und politische Durchführbarkeit bedürfen.

1. Soziale und tarifliche Standards sichern:

Die Arbeitsmigration aus den Beitrittsländern wird dann keine negativen Auswirkungen auf die lokalen Arbeitsmärkte haben, wenn es gelingt, die sozialen und tariflichen Standards durchzusetzen. Die Realisierung der sozialen und tariflichen Standards bildet die effektivste Maßnahme zur Regulierung der Arbeitsmigration aus den Beitrittsländern. Die arbeits(erlaubnis)rechtlichen Rahmenbedingungen und Instrumente im Inland müssen daher dringend auf die aktuelle Situation transnational verfasster Arbeitsmärkte eingestellt werden. Maßnahmen in diese Richtung sind elementar, weil sonst gegenüber öffnenden Ideen der Vorbehalt geäußert wird, dass es zum Unterlaufen sozialer Standards und zur Verdrängung inländischer Arbeitskräfte kommt. Mit dem Entsendegesetz besteht ein rechtlich erprobtes Instrument zur Regulierung der Dienstleistungsfreiheit, die sich in den 1990er Jahren als die bedeutendste Form der grenzüberschreitenden Arbeitskräftemobilität erwiesen hat. Hierbei wird die Regulierung der Dienstleistungsfreiheit mit der Frage der Gleichbehandlung kombiniert. Allerdings haben sich Defizite bei der Umsetzung gezeigt, so dass sich das Problem der effektiven Durchsetzung der Bestimmungen stellt (vgl. Worthmann 1998; Treichler [Hrsg.] 2002).

Zum Schutz und zur Durchsetzung sozialer Standards auf dem Arbeitsmarkt können sowohl repressive wie unterstützende Maßnahmen ergriffen werden. Bisher wird vor allem auf repressive Mittel gesetzt (Bundesregierung 2000). In den letzten Jahren wurde der finanzielle und personelle Mitteleinsatz zur Bekämpfung illegaler Beschäftigung und Schwarzarbeit erheblich ausgeweitet. Die verfügbaren statistischen Daten der verschiedenen Kontrollbehörden ermöglichen jedoch keine Einschätzung des Gesamtergebnisses und der Effizienz. Diese Unsicherheit bildet die Grundlage für verzerrte Wahrnehmungen in der Öffentlichkeit und eine Markierung von Ausländerinnen und Ausländern als Sündenböcke. Es werden vor allem abhängig Beschäftigte aufgegriffen und bestraft, die nach Aussagen von Kontrolleuren letztlich »austauschbar« seien. Dagegen wird das Ziel der Verfolgung der »hauptverantwortlichen Arbeitgeber« nur unangemessen realisiert (Cyrus/Vogel 2002b).

Die bisher praktizierten Maßnahmen zur Bekämpfung illegaler Beschäftigung und Schwarzarbeit sollten im Hinblick auf Zielerreichung und Effizienz evaluiert und es sollten Alternativen zu Kontrollverfahren erprobt werden, die nicht auf eine Diskriminierung ausländischer Arbeitskräfte hinauslaufen. Soziale Standards können nicht gegen, sondern nur mit Arbeitnehmerinnen und Arbeitnehmern durchgesetzt werden. Daher sind neben Kontrollen auch Maßnahmen dringend erforderlich, um die Konfliktfähigkeit und Rechtssicherheit aller Arbeitskräfte unabhängig vom arbeitsrechtlichen und arbeitserlaubnisrechtlichen Status zu stärken. Die Einrichtung und Förderung entsprechender Beratungsstellen und auch die Einführung einklagbarer gesetzlicher Mindeststandards sind ein geeignetes Mittel, um rechtsfreie Räume und Schattenwirtschaft auf sozial behutsame Weise einzudämmen (Cyrus 1998). Die Einrichtung und Förderung entsprechender Angebote wäre eine Maßnahme, die den Befürchtungen im Zusammenhang mit der EU-Osterweiterung Rechnung trägt und neue Formen der Bekämpfung illegaler Beschäftigung mit Bemühungen zum Schutz sozialer und tariflicher Standards verbindet. Erste Erfahrungen mit diesem »Unterstützenden Ansatz« hat der *Polnische Sozialrat. e. V.* in Berlin vorgelegt (Cyrus 2001).

2. Prophylaktische Durchlässigkeit:

Bereits vor Vollendung der EU-Osterweiterung und vor Ablauf der siebenjährigen Übergangsfrist sollte schrittweise mehr Durchlässigkeit geschaffen werden. Die bereits in Deutschland lebenden Ausländerinnen und Ausländer aus den Beitrittsländern sollten dabei aber nicht vergessen werden: Ihnen sollte der Zugang zum Arbeitsmarkt erleichtert werden. Das Problem der Anerkennung von Diplomen und Zeugnissen, das auch im Zusammenhang mit der Freizügigkeit besteht (Böcker 2002), ist zu lösen. Beratungsstellen beklagen, dass zum Beispiel Diplome polnischer Bildungseinrichtungen bei Aussiedlerinnen und Aussiedlern aus Polen anerkannt werden, nicht aber bei polnischen Staatsangehörigen.

Wenn die Aufhebung der Übergangsfristen nicht vollständig und vorzeitig umgesetzt wird, dann kann die MOE-Freizügigkeit auch schrittweise durchgeführt werden, um den letzten Schritt der Öffnung nach sieben Jahren nicht als großen Einschnitt zu gestalten (der dann unter Umständen zur politischen Propaganda missbraucht würde). Prinzipiell bieten die vorgesehenen Überprüfungen der Übergangsregelungen nach zwei und fünf Jahren eine gute Gelegenheit, die Freizügigkeit teilweise oder vollständig zu gewähren. Dabei könnten die Beschränkungen für die verschiedenen Muster der Arbeitskräftemobilität zum Beispiel auch nacheinander aufgehoben werden: Die Niederlassung Selbstständiger könnte sofort erleichtert werden, die individuelle Arbeitnehmerfreizügigkeit nach zwei Jahren ermöglicht und die Dienstleistungsfreiheit nach fünf Jahren realisiert werden.

Die Bestimmungen und Anforderungen für eine Ausübung der Selbstständigkeit, die nach den Assoziationsabkommen bereits heute prinzipiell möglich ist, sollten dabei so gefasst werden, dass die Ausübung einer selbstständigen Tätigkeit leichter realisiert werden kann als es derzeit möglich ist. Hier wäre es denkbar, solche Bedingungen und Beschränkungen aufzuheben, die nur gegenüber MOE-Antragstellern und nicht gegenüber Staatsangehörigen bestehen (Böcker/Guild 2002). Auch das Problem der illegalen Beschäftigung von Haushaltsarbeiterinnen könnte in diesem Kontext betrachtet werden, denn diese verstehen sich selber oft als Selbstständige, die Dienstleistungen für private Haushalte anbieten (Cyrus 2003a). Es wäre eine politisch viel versprechende und sozial notwendige Initiative, Überlegungen zur Legalisierung dieses Arbeitsmarktsegmentes durch die Förderung der Selbstständigkeit anzustellen (Gather/Geissler/Rerrich [Hrsg.] 2002).

Auch mit der Gewährung der individuellen Arbeitnehmerfreizügigkeit wird die rechtliche Voraussetzung geschaffen, dass bereits stattfindende illegale Beschäftigung in die legale Wirtschaft zurückkehren kann. Schließlich kann auch die vorzeitige Aufgabe von Übergangsfristen im Bereich der Dienstleistungsfreiheit im Rahmen verbindlich festgelegter Standards erfolgen. Eine vorzeitige Gewährung der Freizügigkeit hätte zudem den Vorteil, dass zumindest bis zum Ablauf der gesetzten Frist für Übergangsregelungen auf Fehlentwicklungen auf dem Arbeitsmarkt noch mit korrigierenden Maßnahmen reagiert werden könnte. Denkbar wäre hier, mit den Beitrittsländern für einen festgelegten Zeitraum Sicherheitsklauseln zu vereinbaren: So könnte eine Beschäftigung im Rahmen der Dienstleistungsfreiheit mit der Pflicht verbunden werden, vor der Aufnahme einer solchen Beschäftigung diese bei der zuständigen Behörde (Arbeitsamt) anzuzeigen. Die Behörde würde dann auf der Grundlage der Meldungen ein monatliches Monitoring (wie bei den Zahlen für die Beschäftigung entsandter Arbeitnehmer) erstellen und eine arbeitsmarktliche Stellungnahme abgeben. Sollten sich in bestimmten Branchen oder Regionen Verwerfungen auf dem Arbeitsmarkt zeigen, könnte für diesen bestimmten Arbeitsmarktausschnitt eine Einschränkung ausgesprochen werden. Mögliche Schwellenwerte und Kriterien wären durch politische und ökonomische Interessensvertreter zu vereinbaren.

Dieses Verfahren hätte den Vorteil, dass es flexibel auf lokale Arbeitsmarktsituationen zugeschnitten werden könnte, während die Nachteile eines starren Quotensystems mit einer pauschal vereinbarten Zulassung von Arbeitskräften vermieden würden.

Zur Begründung der schrittweisen Einführung der Freizügigkeit könnte auch auf die Erfahrungen anderer EU-Mitgliedsstaaten hingewiesen werden, die keine Übergangsregelungen eingeführt haben, obwohl sie teilweise – wie Belgien – beträchtliche illegale Arbeitskräftezuwanderung aus den Beitrittsländern aufweisen (vgl. Jazwinska/Okolski 2001). Wenn sich herausstellen sollte, dass es in diesen Ländern keine größeren Probleme mit der MOE-Arbeitnehmerfreizügigkeit gibt, dann wäre dies ein starkes Argument für die vorzeitige Aufhebung von Übergangsregelungen.

3. Veränderung der Einstellungen zur MOE-Arbeitnehmerfreizügigkeit:

Die Realisierung der skizzierten Ansätze würde die Einstellungen und mentalen Dispositionen in der Bevölkerung beeinflussen; sie setzt aber selber schon veränderte Einstellungen bei politischen Schlüsselakteuren voraus. In der aktuellen Diskussion besteht jedoch eine große Diskrepanz zwischen den moderaten Prognosen der Experten einerseits und den von Interessensgruppen verbreiteten alarmistischen Szenarien andererseits. Mit unzutreffenden kausalen Verknüpfungen und Übertreibungen werden die übereinstimmenden Ergebnisse aktueller wissenschaftlicher Prognosen zur Entwicklung der Zuwanderung aus den MOE-Staaten bewusst ignoriert. Es wird unterstellt, dass die Gewährung der Freizügigkeit zu einer massenhaften Zuwanderung aus MOE-Staaten und einer Verdrängung inländischer Arbeitnehmer führt. Mit Appellen an kollektiv erinnerte Bilder werden Haltungen in der Bevölkerung re-aktiviert und verstärkt, die der Gewährung der Freizügigkeit vor allem mit Angst und Abwehr begegnen (Cyrus 2003b). Zur Verfolgung eigener Ziele werden gerne stereotype Bilder bemüht und wird an Vorurteile angeknüpft, die im kollektiven Gedächtnis verankert sind (vgl. Orlowski 1996).

Diese mentale Disposition erschwert einen realistischen und pragmatischen Umgang mit der gegenwärtigen und zukünftigen Arbeitsmigration. Es kann nicht darum gehen, die gesellschaftlichen Herausforderungen und Gefahren im Zusammenhang mit der EU-Osterweiterung klein zu reden oder zu leugnen. Eine solche Verharmlosungsstrategie macht unglaubwürdig und verstärkt die Skepsis. Die Diskussion sollte aber ein Niveau haben, bei dem es um die Erarbeitung von Lösungen geht und nicht um die Präsentation von Sündenböcken. Mit Blick auf den europapolitischen Konsens sollte endlich auch von der in Deutschland immer wieder gepflegten parteipolitischen Instrumentalisierung des Zuwanderungsthemas Abstand genommen werden. Die von Teilen der konservativen Parteien vor Wahlen vertretenen migrationspolitischen Positionen bedienen oder schüren die bestehenden Abwehrhaltungen und Ängste anstatt ihnen entgegenzutreten und sie aufzulösen (vgl. Meier-Braun 2002; Thränhardt 2001). Die politische Bearbeitung der gegenwärtigen und zukünftigen Arbeitsmigration darf sich nicht von diesen mentalen Dispositionen leiten lassen, sondern muss von realistischen und pragmatischen Erkenntnissen ausgehen mit dem Ziel, diese Dispositionen zu verändern. Die breite Zustimmung zum neuen Zuwanderungsgesetz zeigt, dass – ungeachtet aller berechtigten Kritik in Detailfragen, die Zivilgesellschaft in Zukunft mit Zuwanderung leben will und kann. Auch die Gewerkschaften, die sich bislang am stärksten gegen die MOE-Arbeitskräftefreizügigkeit ausgesprochen haben, stellen sich zunehmend auf die Transnationalisierung der Arbeitsmärkte ein und beginnen, erste Schritte in Richtung der Zusammenarbeit mit Gewerkschaften aus den Beitrittsländern und der Organisierung ausländischer Wanderarbeitskräfte einzuleiten (Cyrus 2003b).

Um für die öffnenden Positionen zu werben, sollten die politischen Akteure vorhandene parlamentarische Möglichkeiten wie Anfragen, öffentliche Anhörungen oder Gesetzesinitiativen nutzen. Die Zusammenarbeit mit zivilgesellschaftlichen Akteuren in diesen Feldern sollte gezielt gesucht werden, um bereits praktizierte Ansätze mit unterstützendem Charakter, etwa entsprechende Aktivitäten der IG Bau (Ansprache von Arbeitern an Arbeitsplätzen, internationale Gewerkschaftskooperationen) oder in der Migrationssozialarbeit, zu stärken und auf eine breite Basis zu stellen

Eine mehr öffnende Diskussion und Politik würde schließlich auch ein deutliches Signal dahingehend sein, dass die Beitrittsländer als Vollmitglieder der EU willkommen sind. Seit dem Fall der Mauer haben die Kandidatenländer ihr Interesse an Freizügigkeit zum Ausdruck gebracht. Die Geldrückflüsse aus der temporären Arbeitsmigration tragen erheblich zum Ausgleich des Handelsbilanzdefizits bei (Hönekopp 1997). In Polen profitieren viele Familien und ganze Regionen von den Einkommen aus legaler und illegaler temporärer Arbeitsmigration in die EU-Mitgliedsländer. Polnische Migrationsforscher sprechen in diesem Zusammenhang von der Etablierung von »Pendel-Gesellschaften«, die durch die Einkünfte aus der Arbeitsmigration stabilisiert werden und Entwicklungsimpulse erhalten.

Die ökonomischen Effekte sind für die Herkunftsgesellschaft jedoch nur kurzfristig positiv. Mittel- und langfristig werden sich durch die sozialen Folgen der Abwesenheit und die fehlende soziale Absicherung am Zielort erhebliche Belastungen ergeben, sowohl hinsichtlich der sozialen De-Stabilisierung von Familien als auch in Bezug auf Altersarmut der sozial ungeschützt beschäftigten Wanderarbeiterinnen und -arbeiter. Aus diesen Gründen ist eine freizügigere Regelung, die eine Möglichkeit zur Legalisierung von Arbeitsverhältnissen eröffnet, sowohl im Interesse der Entsendeländer als auch der einzelnen Arbeitsmigrantinnen und -migranten.

Auf Grund der bisher dargestellten Einschätzung wird die Migration auch nicht zu einem dauerhaften Braindrain führen. Wohl aber könnte es unter Umständen zu Engpässen auf den Arbeitsmärkten der Beitrittsländer im Pflege- und Gesundheitswesen kommen. Hier sind die Arbeits- und Lohnbedingungen trotz hoher Anforderungen an Qualifikation und Ausbildung sehr unattraktiv. Mit der voraussehbaren Zunahme des Bedarfs an Personal im Gesundheits- und Pflegebereich in den Ländern der EU-15 könnte es zu einer Abwanderung des entsprechend ausgebildeten Personals in den MOE-Staaten kommen. Allerdings bilden die Anforderungen an Sprachkenntnisse hier ein großes Mobilitätshindernis. Die Mobilität des Pflegepersonals wird weiterhin von der weiteren Lohnentwicklung in den MOE-Staaten, aber auch in den Ländern der EU-15 abhängen.

Literatur

Bade, Klaus (2000): Europa in Bewegung. Migration vom späten 18. Jahrhundert bis zur Gegenwart. München: C.H.Beck.

Bade, Klaus/Münz, Rainer (Hrsg.; 2002): Migrationsreport 2002. Fakten- Analysen- Perspektiven. Frankfurt am Main/ New York: Campus.

Böcker, Anita (2002): The Establishment Provisions of the Europe Agreements: Implementation and Mobilisation in Germany and the Netherlands. ZERP-Discussion Paper 1/2002. Bremen: Zentrum für Europäische Rechtspolitik.

Böcker, Anita/Guild, Elspeth (2002): Implementation of the Europe Agreements in France, Germany, the Netherlands and the UK: Movements of Persons. London: Platinium.

Bosch, G./Worthmann, G./Zühlke-Robinet, K. (2000): Die Entstehung von »Freihandelszonen« im Arbeitsmarkt: Die Transnationalisierung des deutschen Bauarbeitsmarktes. In: WSI-Mitteilungen: 10, S. 671–680.

Bourdieu, Pierre (1983): Ökonomisches Kapital, kulturelles Kapital, soziales Kapital,. In: Kreckel, Reinhard (Hrsg.): Soziale Ungleichheit. Soziale Welt Sonderband 2. Göttingen, S. 183–198.

Brettel, Caroline B./Hollifield, James F. (Hrsg.); (2000): Migration Theory. Talking across disciplines. New York and London: Routledge.

Bundesregierung (2000): Neunter Bericht der Bundesregierung über Erfahrungen bei der Anwendung des Arbeitnehmerüberlassungsgesetz – AÜG – sowie über die Auswirkungen des Gesetzes zur Bekämpfung der illegalen Beschäftigung – BillBG -. Bundestagsdrucksache 14/4220: Berlin.

Cyrus, Norbert (1995): In Deutschland arbeiten und in Polen leben. Was die neuen WanderarbeiterInnen aus Polen bewegt. In: Flüchtlingspolitik, BUKO-Arbeitsschwerpunkt Rassismus (Hrsg.): Zwischen Flucht und Arbeit. Neue Migration und Legalisierungsdebatte. Hamburg: Verlag Libertäre Assoziation, S. 27–42.

Cyrus, Norbert (1998): Unterstützung statt Kontrollen. Der unterstützende Ansatz – ein Konzept für die Durchsetzung sozialer Standards auf den deutschen Arbeitsmärkten unter Beachtung sozialer und grundrechtlicher Standards. In: epd-Dokumentation, Nr.4, S. 26-34.

Cyrus, Norbert (2000): Mobile Migrationsmuster. In : Berliner Debatte. Zeitschrift für sozialwissenschaftlichen Diskurs, S. 95–103.

Cyrus, Norbert (2001): Rechtssicherheit und Konfliktfähigkeit stärken. Ein arbeitsmarktbezogener Ansatz zur sozialen Arbeit mit Menschen ohne Aufenthaltsstatus in Berlin. In: iza – Zeitschrift für Migration und Soziale Arbeit, Nr.1, S. 28–33.

Cyrus, Norbert/Vogel, Dita (2002 a): Managing access to the German labour market – how Polish (im)migrants relate to German opportunities and restrictions. Oldenburg: University of Oldenburg.

Cyrus, Norbert/Vogel, Dita (2002b): Ausländerdiskriminierung durch Außenkontrollen im Arbeitsmarkt? Fallstudienbefunde – Herausforderungen – Gestaltungsoptionen. In: Mitteilungen aus der Arbeitsmarkt- und Berufsforschung (35) Nr.2, S. 254–270.

Cyrus, Norbert (2003a): »Als alleinstehende Mutter habe ich viel geschafft.« Lebensführung und Selbstverortung einer illegalen polnischen Arbeitsmigrantin. In: Roth, Klaus (Hrsg.): Vom Wandergesellen zum ›Green-Card‹-Spezialisten: Interkulturelle Aspekte der Arbeitsmigration im östlichen Mitteleuropa, forthcoming. Münster/New York: Waxmann, S. 227–264.

Cyrus, Norbert (2003b): Changing Rhetoric and Narratives: German Trade Unions and Polish Migrant Workers. In: Spohn, Willfried/ Triandafyllidou, Anna (Hrsg.): Europeanisation, National Identities and Migration: Changes in Boundary Construction between Western and Eastern Europe. London: Routledge, S. 192–222.

Davy, Ulrike (Hrsg.; 2001): Die Integration von Einwanderern. Rechtliche Regelungen im europäischen Vergleich. Frankfurt a.M./New York: Campus.

Dietz, Barbara, (2003): Ost-West-Arbeitsmigration nach Deutschland: Ausmaß und Struktur seit der politischen Wende in Osteuropa,. In: Roth, Klaus (Hrsg.) Vom Wandergesellen zum ›Green-Card‹-Spezialisten. Interkulturelle Aspekte der Arbeitsmigration im östlichen Mitteleuropa. Münster/New York: Waxmann, S. 315–329.

[Enquête Kommission Globalisierung Schlussbericht (2000):] Schlussbericht der Enquête-Kommission Globalisierung der Weltwirtschaft – Herausforderungen und Antworten. BT-Drucksache 14/9200 vom 12.6.2002, Berlin: Deutscher Bundestag.

European Commission (2001): The Free Movement of Workers in the Context of Enlargement. Information Note: Enlargement MD 99/01, 7.3.01, Brüssel (Manuskript, nicht publ.).

Faist, Thomas (1995): Migration in transnationalen Arbeitsmärkten: Zur Kollektivierung und Fragmentierung sozialer Rechte in Europa. In: Zeitschrift für Sozialreform, Nr. 41, S. 36–47; Nr. 42, S. 108–122.

Faist, Thomas/Sieveking, Klaus/Reim, Uwe/Sandbrink, Stefan (Hrsg.; 1999): Ausland im Inland. Die Beschäftigung von Werkvertragsarbeitnehmern in der Bundesrepublik Deutschland. Rechtliche Regulierung und politische Konflikte. Baden-Baden: Nomos Verlag.

Fassmann, Heinz/Münz, Rainer (2002): Die Osterweiterung der EU und ihre Konsequenzen für die Ost-West-Wanderung. In: Bade, Klaus/Münz, Rainer (Hrsg.): Migrationsreport 2002. Fakten – Analysen – Perspektiven. Frankfurt am Main: Campus, S. 61 - 68.

Gather, Claudia/Geissler, Birgit/Rerrich, Maria S. (Hrsg.; 2002): Weltmarkt Privathaushalt. Bezahlte Haushaltsarbeit im globalen Wandel. Münster: Westfälisches Dampfboot.

Griffiths, Richard T./Goedings, Simone (1998): The Effects lf the Introduction of the Right of Freedom of Movement for Workers upon Intra-Community Migration Flows. A Study for the European Commission, DG V. Leiden: Rijks Universiteit.

Gurak, Douglas/Caces, Fe (1992): Migration Networks and the Shaping of Migration Systems. In: Kritz/ Zlotnik (Hrsg.), S. 150-176.

Han, Petrus (2000): Soziologie der Migration. Stuttgart: Lucius & Lucius.

Hollifield, James F. (2000): The Politics of International Migration. How Can We »Bring the State Back in«? In: Brettel, Caroline B./Hollifield, James F. (Hrsg.), S. 137-186.

Hönekopp, Elmar (1997): Labour Migration to Germany from Central and Eastern Europe – Old and New Trends. Labour Market Research Topics No. 23. Nürnberg: Institut für Arbeitsmarkt und Berufsforschung.

IG-BAU (Industriegewerkschaft Bauen-Agrar-Umwelt), (2000): IG BAU-Position zur EU-Osterweiterung. Stand 11.09.2000. Frankfurt am Main.

Jończy, Romuald, (2000): Migracię Zarobkowe z Rejonu Opolskiego Do Niemiec. Aspekty E-konomiczne. In: Rajkiewicz, Antoni (Hrsg.): Zewnętrzne Migracię Zarobkowe we Wspolczesnej Polsce – Wybrane Zagadniena. Włocławek: Wydawca Wyższa Skoła Humanistyczno-Ekonomyczno we Włocławku, S. 79-106.

Köbele, Bruno/Leuschner, Gerhard (Hrsg.; 1995): Dokumentation der Konferenz »Europäischer Arbeitsmarkt Grenzenlos mobil?« 6. bis 8. März 1995, Bonn. Baden-Baden: Nomos.

Kritz, Mary M./Zlotnik, Hania (Hrsg.; 1992): International Migration Systems. A Global Approach. Oxford: Clarendon.

Massey, Douglas S. (1998): Worlds in Motion: Understanding International Migration at the End of the Millenium. Oxford: Oxford University Press.

Meier-Braun, Karl-Heinz (2002): Deutschland, Einwanderungsland. Frankfurt am Main: Suhrkamp.

Möller, Dirk (2001): Humankapitalportfolios als Determinante internationaler Arbeitsmigration – dargestellt am Beispiel Polens und Deutschlands. Working Paper No. 2001-03. Wirtschafts- und Sozialgeographischen Institut der Universität Köln,: Köln.

Morokvašić, Mirjana (1994): Pendeln statt Auswandern. Das Beispiel Polen,. In: Morokvašić, Mirjana/Rudolph, Hedwig (Hrsg.): Wanderungsraum Europa. Menschen und Grenzen in Bewegung. Berlin.

Musial, Janusz (2002): Periodische Arbeitsmigration aus Polen (Raum Oppeln) nach Deutschland. Ein Testfall für die Erwerbswanderungen nach der Osterweiterung? Rheinische Friedrich Wilhelms-Universität, Zentrum für Europäische Integrationsforschung: Bonn.

Nienhüser, Werner (1999): Legal, illegal, ...: Die Nutzung und Ausgestaltung von Arbeitskräftestrategien in der Bauwirtschaft. Industrielle Beziehungen, 6:3, S. 292-319.

Orlowski, Hubert (1996): »Polnische Wirtschaft«. Zum deutschen Polendiskurs der Neuzeit. Wiesbaden: Harrassowitz Verlag.

Pries, Ludger (2001): Internationale Migration. Bielefeld: transcript.

Rauzinski, Robert (2000): Wspołczesne wyjazdy zarobkowe w wojewodztwa opolskiego do Republika Federalnej Niemiec. In: Rajkiewicz, Antoni (Hrsg.) Zewnętrzne Migracię Zarobkowe we Wspolczesnej Polsce – Wybrane Zagadniena. Włocławek: Wydawca Wyższa Skoła Humanistyczno-Ekonomyczno we Włocławku, S. 63-78.

Richmond, Anthony H. (1988): Sociological Theories of Migration: The Case of Refugees. In: Current Sociology 36 (2), 7-25.

Sassen, Saskia (1996): Losing control. Sovereignty in an age of globalization. New York: Columbia University Press.

Schmitter Heisler, Barbara (2000): The Sociology of Immigration. From Assimilation to Segmented Integration, from the American Experience to the Global Arena,. In: Brettel, Caroline B./Hollifield, James F. (Hrsg.), S. 77-95.

Schneider, Friedrich/Ernste, Dominik (2000): Schattenwirtschaft und Schwarzarbeit. Umfang, Ursachen, Wirkungen und wirtschaftspolitische Empfehlungen. München/Wien: R. Oldenbourg Verlag.

Schulte, Bernd (2002): Sozialrechtliche Stellung und soziale Sicherung von Drittstaatsangehörigen in der Europäischen Union. In: Treichler, Andreas (Hrsg.): Wohlfahrtsstaat, Einwanderung und ethnische Minderheiten. Wiesbaden: Westdeutscher Verlag, S. 165-183.

Slany, Krystyna (Hrsg.; 1997): Orientacje Emigracyjne Polaków. Kraków: Kwadrat.

SWP (Stiftung Wirtschaft und Politik) (2002): Freizügigkeit in der erweiterten Union. Überprotektion oder gelungener Kompromiß? Expertengespräch am 11. März 2002 in der Stiftung Wissenschaft und Politik. Stiftung Wissenschaft und Politik: Berlin.

Thränhardt, Dietrich (2001): Einwanderungsland Deutschland – von der Tabuisierung zur Realität. In: Mehrländer, Ursula/Schultze, Günther (Hrsg.): Einwanderungsland Deutschland. Neue Wege nachhaltiger Integration. Bonn: Dietz, S. 41-63.

Treichler, Andreas (1999): Arbeitsmigration und Gewerkschaft. Münster : LIT-Verlag.

Treichler, Andreas (Hrsg.; 2002): Wohlfahrtsstaat, Einwanderung und Ethnische Minderheiten. Probleme, Entwicklungen, Perspektiven. Wiesbaden: Westdeutscher Verlag.

Unabhängige Kommission »Zuwanderung« (2001): Zuwanderung gestalten – Integration fördern. Berlin: BMI.

Urbanek, Mariusz (1999): Gastarbeiter mit zwei Pässen. In: Osteuropa (49) Nr.2, S. A53-A55.

Waldrauch, Harald (1995): Theorien zu Migration und Migrationspolitik. Journal für Sozialforschung, Nr.1, S. 27-49.

Wallace, Claire/Sidorenko, Elena (1999): The Central European Buffer Zone. In: Giordano, Christian (Hrsg.): Europäische Ethnologie – Ethnologie Europas. Fribourg, S. 123-169.

Worthmann, G. (1998): Der Baumarkt unter Veränderungsdruck: Kontrolldefizite in Folge der Transnationalisierung,. In: Nordrhein-Westfalen, Institut für Arbeit und Technik im Wissenschaftszentrum (Hrsg.): Jahrbuch 1997/98 des Institut für Arbeit und Technik. Gelsenkirchen: Institut für Arbeit und Technik.

Helma Lutz

Westfälische Wilhelms-Universität Münster

Pendlerinnen zwischen Ost und West

> »Frau D. kommt aus Polen und lebt seit sieben Jahren ohne Aufenthalts- und Arbeitserlaubnis in Berlin. Sie arbeitet in sechs verschiedenen Privathaushalten, putzt die Wohnungen, versorgt eine alte Frau und betreut kleine Kinder. In zwei Haushalten arbeitet sie, seit sie in Berlin ist. Ihr Arbeitstag dauert bis zu zwölf Stunden. Mit zwei Arbeitgeberinnen besteht ein freundschaftliches Verhältnis, trotzdem werden Arbeitsausfall durch Krankheit oder Urlaub nicht bezahlt. Es gibt manchmal kleine Geschenke. Schlecht bezahlte Jobs muss sie solange machen, bis sie besser bezahlte gefunden hat. Während der letzten Jahre hat sie zwei Arbeitsstellen aufgegeben, weil sie von den Arbeitgeberinnen und Arbeitgebern nicht bezahlt worden ist. Sie hat nie in Erwägung gezogen, den nicht bezahlten Lohn einzuklagen.« (Heubach 2002, S. 167).

Diese kurzgefasste Geschichte einer polnischen Haushaltsarbeiterin, beschrieben von Renate Heubach, einer Beraterin von ZAPO (Zentrale integrierte Anlaufstelle für Pendler und Pendlerinnen aus Osteuropa), ist für die Situation von vielen Tausenden von Frauen aus Osteuropa repräsentativ.

Es gibt die weitverbreitete Meinung und eine damit verbundene Skandalisierung der Vorstellung, dass die Osterweiterung der EU zu *neuen* Migrationsbewegungen führen wird. Dies wird sicherlich der Fall sein. Was in dieser Diskussion jedoch fehlt, ist die Anerkennung der Tatsache, dass bereits jetzt viele Tausende von Migrantinnen und Migranten aus Osteuropa in Deutschland leben und als Illegalisierte ein Leben in der *twilight-zone*, in der Schattenwelt, führen. Wenn überhaupt über diese Personengruppe gesprochen wird, dann zumeist verbunden mit Angstvisionen und Abwehrhaltungen, mit ›*moral panic*‹, wie der britische Soziologe Stuart Hall es nennt. Illegalität ist ein zwielichtiger Begriff, der seine Bedeutung erst im Kontext restriktiver Handhabung von Nationalstaatlichkeit erhält: »Kein Mensch ist illegal« – mit dieser Kampagne wurde versucht, darauf hinzuweisen, dass Illegalität keine individuelle Eigenschaft ist, sondern auf staatlicher Zuschreibung basiert und darum vor allem konjunkturabhängig ist. Illegalität entsteht, wenn Menschen

- »nach Deutschland einreisen, ohne die hierfür erforderliche Aufenthaltsberechtigung zu besitzen,
- nach Ablauf ihrer Aufenthaltsgenehmigung nicht ausreisen oder
- nach unanfechtbarer Ablehnung ihres Asylantrages untertauchen« (Bericht der Unabhängigen Kommission »Zuwanderung« 2001, S. 196).

Illegalität ist also kein kriminelles, sondern ein aufenthaltsrechtliches bzw. arbeitsrechtliches Delikt (siehe Bade 2001, S. 65). Die in Deutschland als ›Illegale‹ bezeichneten Personen werden in Frankreich *›Sans Papiers‹* (Ohne Papiere) oder in Großbritannien *›Undocumented‹* genannt, Bezeichnungen, die nicht stigmatisierend sind und zugleich darauf hinweisen, dass das einzige Manko dieser Personen darin besteht, keine rechtsgültigen Papiere zu haben. Die meisten von ihnen haben Arbeit. Ihnen fehlt jedoch ein Arbeitsvertrag, der ihre Rechte als Arbeitnehmerinnen oder Arbeitnehmer sichert. Weil ihnen die Aufenthaltserlaubnis fehlt, haben sie Probleme mit dem Anmieten einer Wohnung, mit der Sozialversicherung, mit der Gesundheitsversorgung, mit der Versorgung ihrer Kinder und deren Beschulung. Sie bilden eine in jeder Hinsicht verletzbare Gruppe, die leicht auszubeuten und – wie das obige Beispiel andeutet – Arbeitgebern, Vermietern, Ärzten und Lehrern schutzlos ausgeliefert ist.

Dieses gilt auch für die Gruppe, über die ich hier sprechen möchte: osteuropäische Frauen, die als Haushaltsarbeiterinnen in deutschen Haushalten putzen, kochen, bügeln, Kinder und alte Menschen betreuen und versorgen. Warum sind sie hier? Was tun sie hier? Warum tun die Betroffenen dies und wie sehen sie selbst ihre Situation? Diese drei Fragen werde ich im Anschluss an einige allgemeine Informationen zur Frage der ›neuen Dienstmädchen‹ zu beantworten versuchen.

Haushaltsarbeiterinnen – die neuen Dienstmädchen

»In Deutschland gibt es knapp 3 Millionen private Haushalte, die regelmäßig eine Putz- oder Haushaltshilfe beschäftigen; allerdings sind dort weniger als 40.000 Erwerbstätige uneingeschränkt sozialversicherungspflichtig beschäftigt«, schreibt der Wirtschaftswissenschaftler Jürgen Schupp (2002, S. 65). Diese Zahlen, wie auch viele andere, beruhen auf Schätzungen. Wir haben bis heute keine exakten Zahlen über dieses Phänomen, obgleich das Thema in jüngster Zeit auch wissenschaftliche Aufmerksamkeit erfährt (siehe dazu Gather/Geissler/Rerrich [Hrsg.] 2002). Unbestritten ist jedoch,

(a) dass die Nachfrage nach Haushaltsarbeiterinnen steigt. Immer mehr junge deutsche Frauen wollen auch nach ihrer Familiengründung erwerbstätig bleiben und versuchen, Berufsarbeit mit Familienarbeit zu kombinieren. Lange Zeit wurde erwartet, dass sich komplementär zu dieser Entwicklung auch die Rollenverteilung im Haushalt verändern würde. Dies ist allerdings nicht geschehen. Aus Zeitbudgetstudien geht hervor, dass trotz aller Emanzipationsrhetorik die Beteiligung von Männern an Hausarbeit seit Jahrzehnten konstant niedrig geblieben ist (vgl. Künzler 1995). Der Einsatz von Staat, Gewerkschaften und Arbeitgeberverbänden für die Ermöglichung von Teilzeitarbeit, die beiden Partnern die Teilnahme an der Kinderversorgung erleichtern könnte, steht bis heute aus. Infrastrukturelle Entlastungsangebote für die Versorgungsarbeit von Kindern und alten, kranken Menschen sind nicht oder in unzureichender Weise vorhanden. Die Lösung wird hier zunehmend in einem privaten Arbeitsverhältnis mit einer Haushaltsarbeiterin gesucht.

(b) dass die Versuche, diesen Arbeitsbereich über Haushaltsschecks oder Dienstleistungspools in den formalen Arbeitsmarkt einzugliedern und beispielsweise Langzeitarbeitslosen in diesem Bereich eine Beschäftigungsmöglichkeit zu bieten, bislang gescheitert sind. Viele Faktoren spielen hier eine Rolle: der niedrige Status dieser Arbeit, die gesellschaftlich noch immer wenig Anerkennung erfährt, genauso wie die Tatsache, dass die Pools nur dann kostendeckend arbeiten können, wenn die Dienstleistungsstunde deutlich über 15 Euro plus Mehrwertsteuer kosten würde (siehe Weinkopf 2002, S. 160). Im Vergleich zu den Preisen, die informell bezahlt werden (die Hälfte oder darunter), ist eine solche Regelung nicht konkurrenzfähig.

Diese Situation führt dazu, dass immer häufiger Frauen aus osteuropäischen Ländern inoffiziell über Familien- und Freundschaftsnetzwerke, über Vermittler, aber auch über das Internet angeworben werden[9].

Zur ersten Frage: warum sind sie hier?

Die Antwort auf meine erste Frage: Warum sind sie hier? heißt: Sie sind keineswegs ›Jobdiebe‹, sondern sie sind hier, weil sie hier gebraucht werden. Da der seit dem Jahre 1973 verhängte Anwerbestopp – bis auf einige wenige, aber für diesen Arbeitsbereich irrelevante Ausnahmen – anhält, ist die Arbeitsaufnahme legal kaum möglich. Doch sind, soweit wir wissen, viele dieser Migranten und Migrantinnen legal nach Deutschland gekommen, etwa als Au-Pairs, als Studentinnen oder mit einem Touristenvisum, das zwar zum Aufenthalt, nicht aber zur Aufnahme einer Erwerbsarbeit berechtigt, oder mit einer begrenzten Arbeitsgenehmigung als Saison- oder Werkvertragsarbeitnehmerinnen.

In unserem Forschungsprojekt »Gender, Ethnizität und Identität. Die neue Dienstmädchenfrage im Zeitalter der Globalisierung« (siehe dazu Lutz 2002 und Website: www.uni-muenster.de/FGEI/), das sich mit diesem gesamten Fragenkomplex beschäftigt, begegnen wir auch immer wieder Frauen, die im Laufe der Jahre zwischen unterschiedlichen rechtlichen Stellungen oszillieren: eingereist sind sie mit einem Touristenvisum, nach dessen Ablauf lebten sie undokumentiert, schließlich erwarben sie erneut das Aufenthaltsrecht als Studentin und nach Ablauf der Studienfrist haben sie wieder ohne Papiere gearbeitet. Für viele ist der Schritt in die Illegalität nicht einfach. Sie wissen, mit welchen Risiken er verbunden ist. Die Arbeit im Privathaushalt ist doppelbödig. Sie bietet, im Vergleich zu anderen Sektoren informeller Arbeit zwar eher Schutz vor Arbeitskontrollen, stellt aber auch eine Gefahr dar, da sexuelle Belästigungen, Gewalt und Ausbeutung ebenfalls keiner sozialen Kontrolle unterliegen.

9 So zum Beispiel über die Internetadresse: URL: www.tschechien.biz/Haushaltshilfen/haushaltshilfen.html.

Zur zweiten Frage: Welche Arbeiten verrichten sie?

Auf die zweite Frage bin ich bereits andeutungsweise eingegangen. Das Arbeitsfeld ist sehr heterogen. Die Aufgaben umfassen eine breite Skala: von Putzen von Privatwohnungen und Praxisräumen, Waschen und Kochen, Gartenarbeiten, über die Betreuung von Kindern, Kranken, alten Menschen bis hin zu Service bei Familien- und Betriebsfeiern. In der englischen Debatte (siehe etwa Anderson 2000) wird hier von den drei ›C‹ gesprochen: *Cleaning, Cooking & Caring*, also Putzen, Kochen und Betreuungs- bzw. Versorgungsarbeit, die vor allem dann, wenn Kinder betreut werden, in Kombination auftauchen und nicht voneinander zu trennen sind. Allerdings werden vor allem die Arbeiten in Auftrag gegeben, die als besonders unangenehm erfahren werden. Das bürgerliche Verständnis von Schmutz und Sauberkeit spielt hier eine große Rolle und beeinflusst die hierarchische Bewertung von Hausarbeit (vgl. Thiessen 2002).

Auch die Beschäftigungsverhältnisse sind recht heterogen – sie reichen vom zweistündigen Putzjob, der über ›Zettelkommunikation‹ erfolgt und täglich in einer Vielzahl von Haushalten durchgeführt wird, bis hin zum 24-stündigen Bereitschaftsdienst der *live-ins*[10] oder – leider auch oft der Au-Pairs.

Sehr unterschiedlich ist ebenfalls die Bezahlung für diese Tätigkeiten – ein Stundenlohn von 7,50 Euro scheint die Norm zu sein. Es gibt jedoch auch Berichte darüber, dass der Stundenlohn unter 3 Euro fallen kann, insbesondere dann, wenn er als Wochen- oder Monatslohn ausgezahlt wird. Es handelt sich dabei um Niedrigstlöhne, die nicht zu rechtfertigen sind.

Zur dritten Frage: Warum tun die Betreffenden dies, und wie sehen sie selbst die Situation?

Die dritte Frage kann bislang nur zum Teil beantwortet werden. Wir hoffen, in unserem dreijährigen Forschungsprojekt hinreichend Antwort auf diese Frage zu erhalten. Bislang können wir auf jeden Fall feststellen, dass es in erster Linie Frauen sind, die sich auf diese Tätigkeit einlassen, obgleich in jüngster Zeit auch junge Männer in diesem Arbeitsfeld auftauchen. Wir können ebenfalls sagen, dass die Frauen nicht für diesen Beruf ausgebildet sind, sondern teilweise über (höhere) Bildungsabschlüsse in Bereichen verfügen, die seit dem gesellschaftlichen Umbruch in Osteuropa nicht mehr gefragt sind. Ihre Bildungsabschlüsse sind nun aber nicht nur im jeweiligen Herkunftsland entwertet, sondern ebenfalls im Zielland. Denn hier ist nicht ihre professionelle Expertise gefragt, sondern eher ihre Erfahrungsexpertise, so zum Beispiel bei Frauen, die Mütter sind und als Kinderfrau arbeiten wollen, oder ihre der Weiblichkeit zugeschriebenen Fähigkeiten zu putzen, zu kochen, zu pflegen, intimste Bereiche diskret zu behandeln, ein Heim zu schaffen etc. Die folgenden Motivlagen lassen sich in etwa unterscheiden:

10 Live-in bezeichnet Haushaltsarbeiterinnen, die bei den Arbeitgebern wohnen und sozusagen rund um die Uhr verfügbar sein sollen.

- *junge Frauen*, für die der heimische Arbeitsmarkt kaum Aussichten bietet (zum Beispiel 25% Jugendarbeitslosigkeit in der Slowakei) möchten gern ihre Chancen auf dem Arbeitsmarkt mit Hilfe von Fremdsprachenkenntnissen vergrößern, oder sie streben ein Studium in Deutschland an, oder sie wollen mit dem in Deutschland verdienten Geld ein Studium an einer Privatuniversität ihres Landes finanzieren.
- *geschiedene Frauen* möchten für den Unterhalt und die Ausbildung ihrer Kinder sorgen; teilweise suchen sie auch nach einem deutschen Heiratspartner, der ihnen ermöglicht, die Kinder nach Deutschland zu holen;
- *Frauen*, die selbst oder deren Familie in *finanzielle Schwierigkeiten* geraten sind, möchten bis zur Lösung dieser Schwierigkeiten arbeiten, oder sie haben andere Sparziele, etwa den Start eines eigenen Unternehmens. Für viele unter ihnen gilt jedoch, dass das durch den Geldtransfer ins Herkunftsland entstandene Konsumverhalten eine Eigendynamik entwickelt; Sparziele verändern sich ständig, irgend jemand im Familiennetzwerk braucht immer wieder neues Geld.

Im Prinzip gilt für den überwiegenden Teil der Betroffenen, dass sie diese Arbeit nur für eine begrenzte Zeit ausführen wollen. Es soll keineswegs ein Lebensjob sein. Dennoch üben viele Frauen diese Arbeit jahrzehntelang aus, obwohl das nicht ihrer ursprünglichen Absicht entsprach.

Für die Wanderungsbewegungen von Osteuropäern und -europäerinnen, vor allem aus Polen, ist immer wieder festgestellt worden, dass sie das Pendeln dem Auswandern vorziehen. *Pendeln statt Auswandern* (Morokvašić 1994) ist zum Ideal geworden, das ein großer Teil der polnischen Arbeitskräfte zu verwirklichen sucht, obgleich die deutsche Ausländergesetzgebung einen derartigen Lebensstil nicht akzeptiert und zu blockieren versucht. Pendeln – in Zusammenhang mit der Ost-West-Migration – ist keine akzeptierte Form von Migration. Zur gleichen Zeit wird jedoch auf anderer Ebene die Globalisierung zelebriert, die sich auf die Internationalisierung und Entgrenzung von Märkten, Konsumgütern, Kommunikationsmitteln oder auf die De-Nationalisierung von Kapital, Arbeit und Arbeitskraft bezieht.

In der Migrationsforschung wird der Versuch von Menschen, sich nicht auf ein einziges Land festzulegen, das als Wohn- und Arbeitsstandort gilt, *Transnationalität* genannt. Transnationalität ist die Folge von ökonomischen Entgrenzungen auf der Ebene des Sozialen. Dieser Begriff wurde eingeführt, um der noch immer dominanten Konzeptualisierung von Migrationsbewegungen als ›Einbahnstraße‹ von einem Herkunfts- in ein Aufnahmeland, der (mehr oder weniger zögerlich) die Integration der Migrantengemeinschaften in den Aufnahmeländern folgt, kritisch zu begegnen. Transnationale oder »transstaatliche Räume« (Faist 2000) entstehen als Folge zunehmender grenzüberschreitender Bewegungen von Menschen, Gütern und Informationen. »Diese sozialen Räume fallen nicht eindeutig mit einheitlichen Flächenräumen zusammen, wie es im Falle der ›Auswanderer‹ (Ankunftsland) und der rückkehrenden ›Gastarbeiter‹ (Herkunftsland) ist.

Vielmehr sind diese *Transnationalen Sozialen Räume* ein hybrides Produkt aus identifikativen und sozialstrukturellen Elementen der Herkunfts- *und* der Ankunftsregion, zwischen denen sie sich plurilokal und dauerhaft aufspannen.« (Pries 2000, S. 416, Hervorheb. im Orig.). In transnationalen sozialen Räumen bilden sich, so Pries, neue sozial-kulturelle Muster und Formen der Vergesellschaftung heraus, die Elemente der Herkunfts- und Ankunftsgesellschaft miteinander vermengen und zu einer Neumischung in hybrider Gestalt führen.

Der Begriff Transnationalität lässt sich damit fast als ›Kampfbegriff‹ gegen Konzepte nationaler Homogenität mit den damit verbundenen Prämissen sozialer und kultureller Schließung verstehen, als Versuch, die Heterogenität und den polyphonen Charakter in den durch die internationale Migration veränderten Gesellschaften begrifflich zu fassen. In transnationalen sozialen Räumen entwickeln Menschen plurilokale kollektive (Familien-)Netzwerke und Organisationen über Staatsgrenzen hinweg (Faist 2000 [Hrsg.], S. 10; Faist 2000, S. 2f.).

Transnationalität betont die übergreifende Qualität dieses Phänomens, innerhalb dessen Kommunikationsstrategien und neue Formen von Soziabilität entstehen, die selbst dann, wenn sie als Übergangsformen erscheinen, oft von langfristiger Dauer sind. Menschen, die in solchen Netzen operieren, sind dann auch keine Aus- oder Einwanderer mehr, sondern Trans-Migranten, die eine neue Form des klassischen ›Fremden‹, »..der heute kommt und morgen bleibt« (Simmel 1908, S. 764), aber eventuell auch weiterzieht, darstellen. In einem solchen Rahmen entstehen transnationale Biographien, die sich den Einteilungsmustern klassischer Nationalstaats-Zugehörigkeiten entziehen und als entgrenzte Bewegungen in einem ›dritten Raum‹, dem *›in-between-space‹* (Bhabha 1994) beschrieben werden.

Was müsste in Deutschland geschehen, um die Realität von transnationalen Räumen, die auch der Lebensrealität von Haushaltsarbeiterinnen entspricht, zu einem akzeptierten Lebensstil zu machen? Manche werden sagen, dass sobald die Osterweiterung der EU Fakt ist, sich dieses Problem von selbst lösen wird. Das scheint mir jedoch zu einfach, ganz abgesehen davon, dass es nur denjenigen helfen würde, die dann erst zuwandern (wollen), nicht aber denjenigen, die bereits hier sind. Bis zur Regulierung des Arbeitsmarktes jedoch werden viele Betroffene weiterhin als Illegalisierte bei uns leben. Der Rat für Migration hat schon vor längerer Zeit eine Liste von notwendigen Maßnahmen aufgestellt und gefordert:

- aufenthaltsrechtliche Illegalität – soweit wie möglich – verhindern,
- sicherstellen, dass in Deutschland die Arbeitskraft von Migrantinnen und Migranten ohne Aufenthaltstitel nicht ausgebeutet wird, und
- gewährleisten, dass die Inanspruchnahme von Rechten, die den irregulären Zuwanderern zustehen, nicht aus deren Furcht vor Entdeckung und Abschiebung unterbleibt.

Das gilt insbesondere für die Durchsetzung von

- Ansprüchen auf Lohn
- Ansprüchen auf Leistungen im Gesundheitswesen und

- Ansprüchen auf Schulbesuch für Kinder.

»Der Rat für Migration«, so heißt es im Text weiter, »fordert weiter geeignete Maßnahmen zur Schaffung von Rechtssicherheit, damit Menschen nicht kriminalisiert werden, die in Erfüllung ihrer berufsspezifischen Aufgaben (Ärzte, Lehrer, Sozialarbeiter, Seelsorger usw.) irregulären Zuwanderern in Notlagen helfen.« (Rat für Migration 2001, S. 101f.).

Diese auch schon anlässlich der Beratungen der Zuwanderungskommission vorgetragenen Forderungen sind leider weder von dieser in den Endbericht aufgenommen worden, noch gibt es eine breite Bewegung, die für die Schaffung von Rechtssicherheit für diese Gruppe eintritt. Allerdings gibt es auch einen Hoffnungsschimmer. Vor Kurzem ist erstmals ein Fall von Haushaltsarbeitslohnprellung vor einem deutschen Gericht verhandelt worden: Eine Polin hat mit Erfolg ihre deutschen Arbeitgeber auf Lohnfortzahlung im Krankheitsfall verklagt (Aktenzeichen 13Ca268/02; siehe TAZ, 18.9.02, S.5).

Aus der Dreigroschenoper von Bert Brecht stammen die Zeilen: »... man sieht nur die im Lichte, die im Dunkeln sieht man nicht«. Für die hier beschriebene Gruppe gilt vor allem, dass sie im Zwielicht steht: Man sieht sie und sieht sie gleichzeitig nicht, je nach Interessenlage.

Literatur:

Anderson, Bridget (2000): Doing the dirty work? The global politics of domestic labour. London: Zed Books.

Bade, Klaus (Hrsg.; 2001): Rat für Migration e.V. Integration und Illegalität in Deutschland. Osnabrück: IMIS.

Bericht der Unabhängigen Kommission »Zuwanderung« (2001): Zuwanderung gestalten, Integration fördern. Berlin.

Bhabha, Homi K. (1994): The Location of Culture. London/New York: Routledge.

Faist, Thomas (2000): The Volume and Dynamics of International Migration and Transnational Spaces. Oxford: OUP.

Faist, Thomas (Hrsg.; 2000): Transstaatliche Räume. Politik, Wirtschaft und Kultur in und zwischen Deutschland und der Türkei. Bielefeld: transcript.

Gather, Claudia/Geissler, Birgit/Rerrich, Maria S. (Hrsg.; 2002): Weltmarkt Hausarbeit. Bezahlte Hausarbeit im sozialen Wandel. Münster: Westfälisches Dampfboot.

Heubach, Renate (2002): Migrantinnen in der Hausarbeit. In: Gather, Claudia/ Geissler, Birgit/ Rerrich, Maria S. (Hrsg.): Weltmarkt Hausarbeit. Bezahlte Hausarbeit im sozialen Wandel. Münster: Westfälisches Dampfboot, S. 167–182.

Künzler, Jan (1995): Geschlechtsspezifische Arbeitsteilung. Die Beteiligung von Männern im Haushalt im internationalen Vergleich. In: Zeitschrift für Frauenforschung (13), Heft 1/2, S. 115–132.

Lutz, Helma (2002): Transnationalität im Haushalt. In: Gather, Claudia/Geissler, Birgit/ Rerrich, Maria S. (Hrsg.), S. 86–102.

Morokvašić, Mirjana (1994): Pendeln statt Auswandern. Das Beispiel Polen. In: Dies./Rudolph, Hedwig (Hrsg.) Wanderungsraum Europa. Berlin: Edition Sigma, S. 166–187.

Pries, Ludger (2000): ›Transmigranten‹ als ein Typ von Arbeitswanderern in pluri-lokalen sozialen Räumen. In: Gogolin, Ingrid/Nauck, Bernhard (Hrsg.): Migration, gesellschaftliche Differenzierung und Bildung. Opladen: Leske und Budrich, S. 415–439.

Schupp, Jürgen (2002): Quantitative Verbreitung von Erwerbstätigkeit in privaten Haushalten Deutschlands. In: Gather, Claudia/Geissler, Birgit/Rerrich, Maria S. (Hrsg.), S. 50–71.

Simmel, Georg (1908): Soziologie. Untersuchung über die Formen der Vergesellschaftung. Leipzig: Duncker und Humblot.

TAZ, 18.9.02: Der Unfall der unversicherten Putzfrau Barbara S., S. 5.

Thiessen, Barbara (2002): Bezahlte Hausarbeit. Biografische Befunde zur Gestaltung von Arbeitsbeziehungen im Privaten. In: Gather, Claudia/Geissler, Birgit/Rerrich, Maria S. (Hrsg.), S. 140–152.

Weinkopf, Claudia (2002): »Es geht auch anders« – Reguläre Beschäftigung durch Dienstleistungspools. In: Gather, Claudia/Geissler, Birgit/Rerrich, Maria S. (Hrsg.), S. 154–167.

Barbara Dietz

Osteuropa-Institut München

Osterweiterung der EU – neuer Qualifizierungs- und Integrationsbedarf für Zuwanderer aus Mittel- und Osteuropa?

Im nächsten Jahrzehnt wird sich die Bevölkerung Deutschlands ohne Zuwanderung verringern und sie wird auch deutlich altern. Zudem hat Deutschland schon heute einen erheblichen Bedarf an hochqualifizierten und qualifizierten Arbeitskräften bei gleichzeitig sehr hoher Arbeitslosigkeit, die besonders die wenig Qualifizierten betrifft. Vor diesem Hintergrund könnte die nach der EU-Osterweiterung zu erwartende Zuwanderung positive Auswirkungen auf Wachstum und Beschäftigung haben, sie birgt aber zweifellos auch eine Reihe von Risiken für Beschäftigung und soziale Sicherheit.

Als Folge künftiger Ost-West-Arbeitswanderungen ist ein Druck auf heimische Löhne oder eine Erhöhung heimischer Arbeitslosigkeit in bestimmten Branchen keineswegs auszuschließen. Das kann zu sozialen Spannungen zwischen Einheimischen, ausländischen Arbeitern und Migranten aus Mittel- und Osteuropa führen und einer Hierarchisierung verschiedener Migrantengruppen Vorschub leisten. Andererseits aber sind mittel- und osteuropäische Migranten, die Lücken am deutschen Arbeitsmarkt schließen, durchaus in der Lage, das Wirtschaftswachstum zu sichern und das Sozialsystem in der Tendenz zu stabilisieren. Wohlstandssteigernde Effekte von Zuwanderung entfalten sich jedoch nur dann, wenn die Integration der Zuwandernden in den Arbeitsmarkt gelingt, und wenn es zu keinen anhaltenden sozialen Konflikten zwischen Einheimischen, länger im Lande lebenden Migrantinnen und Migranten sowie den neu Zuwandernden kommt. Von diesen Bedingungen ausgehend ist heute schon zu überlegen, welche Qualifizierungs- und Integrationsmaßnahmen dazu geeignet sind, die potenzielle neue Zuwanderung aus Mittel- und Osteuropa nach der Erweiterung der EU und der Einführung der Freizügigkeit sowohl für Immigranten wie für das Aufnahmeland erfolgreich zu gestalten.

Der künftige Qualifizierungs- und Integrationsbedarf für Zuwanderinnen und Zuwanderer aus Mittel- und Osteuropa nach Einführung der Freizügigkeit ist zum heutigen Zeitpunkt nur schwer zu prognostizieren. Das liegt daran, dass über die wesentlichen Größen, die den künftigen Qualifizierung- und Integrationsbedarf bestimmen, keine gesicherten Aussagen gemacht werden können, weder hinsichtlich der Aufenthaltsdauer, der Altersstruktur und der Humankapitalausstattung der mittel- und osteuropäischen Migrantinnen und Migranten, noch in Bezug auf die Nachfrage auf dem heimischen Arbeitsmarkt und die künftige Integrationspolitik. Wohl aber kann man versuchen, den zu erwartenden Qualifizierungs- und Integrationsbedarf im Rahmen einer künftigen Zuwanderung aus Mittel- und Osteuropa auszuloten. Dazu gehe ich zunächst auf die absehbaren demographischen und die Humankapitalcharakteristika künftiger Migranten aus Mittel- und Osteuropa ein[11], stelle mögliche Nachfrageszenarien nach zuwandernden Arbeitskräften dar und skizziere wesentliche Gesichtspunkte der Integrationspolitik. Aus der Zusammenschau dieser verschiedenen Größen wird dann entwickelt, welche Maßnahmen der Qualifizierung und Integration im Kontext der künftigen Ost-West-Wanderung nach Deutschland von Bedeutung sein könnten.

Demographische und Humankapitalcharakteristika künftiger Migrantinnen und Migranten aus Ost- und Mitteleuropa

Aller Wahrscheinlichkeit nach wird die Wanderung aus Mittel- und Osteuropa nach der EU-Osterweiterung in erster Linie durch Arbeitsmigrantinnen und -migranten und deren Familienangehörige geprägt. Möglich ist jedoch, dass zunächst nur die Personen kommen, die eine Arbeit aufnehmen wollen bzw. die bereits ein Beschäftigungsangebot haben, und dass erst später deren Familienangehörige im Rahmen des Familiennachzugs einreisen. Eine Folge der künftigen EU-Zugehörigkeit mittel- und osteuropäischer Staaten wird auch sein, dass Unternehmen aus den neuen Mitgliedsstaaten im Rahmen der Dienstleistungsfreiheit Arbeitnehmerinnen und Arbeitnehmer nach Deutschland entsenden. Zuwanderer, die das Bild der Immigration aus Mittel- und Osteuropa in Deutschland jahrzehntelang prägten, nämlich Aussiedler und Asylbewerber, werden jedoch so gut wie keine Rolle mehr spielen.

Die demographischen Charakteristika der künftigen Migranten aus Mittel- und Osteuropa sind in einer ersten Annäherung anhand der bereits in Deutschland tätigen mittel- und osteuropäischen Arbeitnehmer sowie anhand von Befragungen mit potenziellen Migranten einzuschätzen (vgl. Fassmann/Hintermann 1997, Schulz 1999, Hönekopp 1999). Die bisherigen Erfahrungen mit Kontraktarbeitnehmern (Werkvertrags-, Saison- und Gastarbeitnehmern) zeigen, dass mittel- und osteuropäische Arbeitsmigranten deutlich jünger sind als einheimische und ausländische Arbeitnehmer in Deutschland. Auch bei potenziellen Migrantinnen und Migranten überwiegt die jüngere Altergruppe deutlich. Nach einer 1996 in vier Staaten Ostmitteleuropas (Polen, Ungarn, Tschechien und Slowakei) durchgeführten Umfrage waren drei Viertel der Interviewten, die Migrationswünsche äußerten, unter 40 Jahre alt (Fassmann 2002, S. 76). Dies lässt vermu-

11 Der quantitative Aspekt der künftigen Ost-West-Wanderung wird hier nicht beleuchtet; vgl. dazu den Beitrag von E. Hönekopp im vorliegenden Band.

ten, dass auch künftig jüngere Alterskohorten deutlich stärker unter Ost-West-Migranten vertreten sein werden.

Die bisher in Deutschland tätigen Arbeitnehmerinnen und Arbeitnehmer aus Mittel- und Osteuropa sind nicht nur jünger, sie sind auch besser ausgebildet als die hier beschäftigten Arbeitsmigranten der sechziger und siebziger Jahre (Schulz 1999, S. 410, Hönekopp 1999, S. 36, Sinn/Flaig/Werding 2001, S. 109). Die bereits zitierte Umfrage unter potenziellen Migranten in Ostmitteleuropa weist ebenfalls darauf hin, dass höher qualifizierte Beschäftigte eine stärkere Migrationsneigung haben als gering qualifizierte (Fassmann 2002, S. 76). Somit ist anzunehmen, dass auch weiterhin eher gut ausgebildete Arbeitskräfte aus Mittel- und Osteuropa nach Deutschland wandern werden. Dafür sprechen auch die anhaltend hohen Lohndifferenzen zwischen Ost und West. Internationale Wanderungen werden allerdings im Zeitverlauf durch die Herausbildung von Migrationsnetzwerken weniger selektiv, so dass der Anteil an Personen mit mittlerer oder geringer Qualifikation unter den künftigen ostmitteleuropäischen Migranten zunehmen könnte.

Bislang stellen die Beschäftigten im Dienstleistungsbereich und im Baugewerbe einen vergleichsweise hohen Anteil unter den zugewanderten Arbeitskräften aus den mittel- und osteuropäischen Staaten (Sinn/Flaig/ Werding 2001, S. 114). Ob dies auch unter den Bedingungen der Freizügigkeit so bleibt, ist schwer abzusehen. Die Nachfrage nach Arbeitskräften wird hier eine sehr viel stärkere Rolle als bisher spielen, da es nach der Freizügigkeit keine branchenspezifischen Restriktionen für Arbeitsmigranten mehr geben wird. Befragungen unter potenziell Wanderungswilligen in Ostmitteleuropa stellen fest, dass Beschäftigte in Produktion, Verwaltung, Handel und im Baugewerbe die größte Migrationsneigung ausdrücken (Fassmann 2002, S. 78). Weiterhin signalisieren auch derzeit in Mittel- und Osteuropa Arbeitlose ein vergleichsweise großes Interesse an einer Beschäftigung in Deutschland[12].

Ein wesentlicher Aspekt künftiger Ost-West-Wanderungen ist die anhaltende Neigung zu kurzfristigen Wanderungen bzw. zur Pendelmigration (Sinn/Flaig/Werding 2001, S. 117). Diese Form der Wanderung war bislang allein aufgrund der gesetzlichen Bestimmungen vorherrschend. Umfragen unter potenziellen Migrantinnen und Migranten in Ostmitteleuropa legen gleichfalls nahe, dass auch künftig die kurz- bzw. mittelfristige Wanderung einen hohen Stellenwert einnehmen dürfte (Fassmann 2002, S. 81, IOM 1998, S. 11). In vielen Fällen wird es dann nicht zu einer Familienwanderung kommen, sondern erwerbstätige Migrantinnen und Migranten werden ein Leben in zwei Gesellschaften führen, während die Familie im Herkunftsland bleibt.

12 Zur Einschätzung dieser Aussagen vgl. auch den Beitrag von Cyrus im vorliegenden Band.

Die Nachfrage nach Arbeitskräften

Obschon die Entwicklung des Arbeitskräftebedarfs in Deutschland – vor allem über einen längeren Zeitraum hinweg – nur schwer einzuschätzen ist, werden im Folgenden auf der Basis von Prognosen zur Arbeitsmarktentwicklung (Zimmermann/Bauer/Bonin 2002, Unabhängige Kommission »Zuwanderung« 2001) einige Aspekte des künftigen Arbeitskräftebedarfs aufgezeigt.

- Die Nachfrage nach Hochschulabsolventinnen und -absolventen und vor allem die nach qualifizierten Arbeitskräften (Facharbeitern) wird zunehmen. In diesem Zusammenhang liegen Prognosen vor, dass aufgrund der demographischen Entwicklung allein in Westdeutschland im Jahre 2020 mehr als 2,5 Millionen Personen mit abgeschlossener Berufsausbildung fehlen könnten (Unabhängige Kommission »Zuwanderung« 2001, S. 43).
- In den nächsten Jahren ist ein steigender Arbeitskräftebedarf in einigen Wirtschaftssektoren und Berufen abzusehen. Dazu gehören vor allem der Dienstleistungssektor (besonders Gesundheitsdienstberufe), der Verwaltungs- und IT-Bereich (Organisations-, Datenverarbeitungskräfte).
- Die demographische Alterung der Bevölkerung in Deutschland wird die Angebotsstrukturen auf den Arbeitsmärkten verändern. Es könnte in absehbarer Zeit ein Mangel an jungen, dem neuesten Stand der Technik entsprechend ausgebildeten Arbeitskräften entstehen (Zimmermann/Bauer/Bonin 2002, S. 260).
- Die bereits seit Jahren zu beobachtende Tendenz, dass nicht qualifizierte Arbeitskräfte immer weniger nachgefragt werden, setzt sich fort.

Zudem dürften sich künftig die Tätigkeitsanforderungen an die Beschäftigten verändern: Flexibilität, Mobilität und Lernfähigkeit der Arbeitskräfte bekommen ein immer größeres Gewicht.

Gesichtspunkte der Integrationspolitik

In Deutschland werden die Ziele der Integrationspolitik noch immer kontrovers diskutiert. Einige mit hoher Wahrscheinlichkeit auch künftig relevanten integrationspolitischen Gesichtpunkte können jedoch anhand des neuen Zuwanderungsgesetzes, des Berichtes der Unabhängigen Kommission »Zuwanderung« sowie anhand der dazu geführten Diskussion dargestellt werden.

- Integrationspolitik wird als Instrument gesehen, das den Zuwandernden und der Aufnahmegesellschaft gerecht werden soll. Damit beschreibt Integration einen wechselseitigen Prozess, der ein konsensfähiges Zusammenleben von Zuwanderern und Einheimischen erlaubt. In welchem Maße die Sprache, die Religion und die kulturellen Praktiken der Zuwandernden institutionalisiert werden, ist allerdings politisch heftig umstritten.
- Integrationspolitik wird als Querschnittsaufgabe definiert, die eine Vernetzung und Koordination der im Bereich der Integration arbeitenden Instan-

zen und der Integrationsmaßnahmen bedingt. Tendenziell wird eine Gleichbehandlung aller Zuwanderungsgruppen mit einer dauerhaften Aufenthaltsperspektive angestrebt.

- Der Erwerb der deutschen Sprache und Kenntnisse über die deutsche Gesellschaft gelten als wichtige Voraussetzung der Integration. Im neuen Zuwanderungsgesetz wurde daher die Berechtigung und Verpflichtung zur Teilnahme an einem Integrationskurs – der Sprachvermittlung und gesellschaftliche Orientierung umfasst – für die neu Zuwandernden festgeschrieben[13]. Den deutschen Behörden kommt dabei die Aufgabe zu, ein entsprechendes Sprachlehrangebot zu schaffen, während die Zuwanderinnen und Zuwanderer verpflichtet sind, sich aktiv um den Spracherwerb zu bemühen.
- Integrationspolitik unterstützt die gleichberechtigte Partizipation von Migrantenkindern und -jugendlichen in der Schule und im Ausbildungssystem durch entsprechende sprachliche und schulische Fördermaßnahmen. Ein weiteres integrationspolitisches Ziel ist die Förderung der beruflichen Integration von Zuwandernden, indem unter anderem spezielle Weiterbildungsmaßnahmen angeboten, die Anerkennung beruflicher Qualifikationen verbessert und Existenzgründungen ermutigt werden.
- Integrationspolitik wird zunehmend auch als Lobbyarbeit verstanden, die für Gestaltungskonzepte des Zusammenlebens von Zuwanderern und Einheimischen eintritt. Hier steht die Vorstellung einer weitgehenden Akzeptanz des kulturellen Hintergrundes der Immigranten und einer damit einhergehenden kulturellen und ethnischen Pluralisierung der Gesellschaft dem Assimilationskonzept gegenüber.

Einige der hier aufgeführten Integrationsziele – insbesondere das letztgenannte – sind politisch heftig umstritten. Trotz der sicher noch lange anhaltenden Diskussion über eine tragfähige Integrationspolitik herrscht Konsens, dass die Integration von Migrantinnen und Migranten in Deutschland rechtlich und politisch zu gestalten ist.

Aspekte des Qualifizierungs- und Integrationsbedarfs

Worin werden nun die hauptsächlichen Qualifizierungs- und Integrationsaufgaben bestehen, wenn mittel- und osteuropäische Arbeitsmigrantinnen und -migranten (und in einer Reihe von Fällen auch deren Familienangehörige) nach der EU-Osterweiterung nach Deutschland kommen? Im Wesentlichen wird es darum gehen, die Integration in den Arbeitsmarkt und die soziale Integration der neu Zuwandernden – auch auf längere Sicht – so zu fördern, dass die wohlstandssteigernden Effekte der Migration zum Tragen kommen. Dabei sind dann aber

13 Zuwanderer aus EU-Ländern haben jedoch nur einen Ermessensanspruch auf einen Sprachkurs, d.h. "im Rahmen freier Kurskapazitäten", genauso, wie das auch für die sogenannten "Altfälle" gilt.

auch die Interessen der Personen (Einheimische und bereits länger in Deutschland lebende Ausländerinnen und Ausländer) zu berücksichtigen, die in Konkurrenz zu den neuen Immigranten stehen und befürchten, potenziell zu Verlierern am Arbeitsmarkt werden zu können. Der Qualifizierungs- und Integrationsbedarf im Zusammenhang mit der Osterweiterung ist daher sowohl im Hinblick auf die neuen Zuwanderer auszuloten, als auch unter Berücksichtigung von Einheimischen und Ausländern, deren soziale und ökonomische Position sich durch neue Zuwanderung verschlechtern könnte.

In der Tendenz ist davon auszugehen, dass die neu Zuwandernden aus Mittel- und Osteuropa eher jüngere, mittel- bis gut qualifizierte Beschäftigte sind, wobei es aber auch eine Reihe von wenig qualifizierten potenziellen Migrantinnen und Migranten geben dürfte, die bereit sind, alle möglichen Gelegenheitsarbeiten in der Landwirtschaft, dem Dienstleistungsgewerbe und in der Bauwirtschaft anzunehmen. Weiterhin dürfte es sich bei einigen Zuwandernden um Personen handeln, die ihren Lebensmittelpunkt im Herkunftsland behalten wollen. Von dieser Konstellation ausgehend, zeichnet sich folgender Qualifizierungs- und Integrationsbedarf ab:

- Deutsche Sprachkenntnisse sind ein grundlegender Faktor für die Arbeitsmarkt- und soziale Integration neuer Migrantinnen und Migranten. Die Unterstützung des Erwerbs der deutschen Sprache sollte daher bei künftigen Zuwandernden aus Mittel- und Osteuropa eine hohe Priorität erhalten. Vor allem auf längere Sicht sind deutsche Sprachkenntnisse – bei Arbeitsmigranten ebenso wie bei mit- und nachreisenden Familienangehörigen – der Schlüssel zur Integration in den Arbeitsmarkt und in die Gesellschaft. Positiv für den Spracherwerb dürfte sich auswirken, dass zahlreiche potenzielle Migranten aus Ostmitteleuropa bereits deutsche Sprachkenntnisse mitbringen, wenn sie nach Deutschland kommen[14]. Allerdings haben Zuwanderinnen und Zuwanderer aus Mittel- und Osteuropa *nach* der Osterweiterung als EU-Bürger nur einen Ermessensanspruch auf einen Sprachkurs im Rahmen des Integrationsgesetzes. Ungeachtet dessen sollte alles getan werden, um ihre Motivation zum Spracherwerb zu unterstützen.
- Ein wesentlicher Aspekt der Arbeitsmarktintegration neuer Migranten aus Mittel- und Osteuropa ist, dass die mitgebrachte Qualifikation auch tatsächlich genutzt wird. Dazu sollten dieser Personengruppe die jeweiligen branchen-, betriebs- oder berufsspezifischen Weiterbildungs- und Qualifizierungsmaßnahmen offen stehen. Ziel muss es sein, das mitgebrachte Humankapital als Ressource zu verstehen, optimal zu nutzen und eine Dequalifizierung – vor allem auf längere Sicht – zu vermeiden. Dabei dürften spezifische Qualifizierungsmaßnahmen zur Anpassung der mitgebrachten

14 Nach der Umfrage von Fassmann und Hintermann (1997, 23) haben nahezu die Hälfe der potentiellen Migranten, die nach Deutschland kommen wollen, deutsche Sprachkenntnisse.

Ausbildung eine wesentliche Hilfe sein. Diese könnten besonders solche beruflichen Qualifizierungen unterstützen, die Lücken am heimischen Arbeitsmarkt schließen und die eine Verdrängung heimischer Arbeitskräfte vermeiden.

- Eine Voraussetzung für eine adäquate berufliche Beschäftigung neuer Migranten ist in vielen Fällen die Anerkennung ihrer Ausbildung und beruflichen Abschlüsse. Die Erfahrung vorangegangener Migrationen aus Osteuropa (zum Beispiel von Aussiedlerinnen und Aussiedlern) hat gezeigt, dass die formale Anerkennung mitgebrachter Zeugnisse bzw. deren adäquate Einschätzung bei der beruflichen Integration eine wesentliche Rolle spielt[15]. Die zutreffende Bewertung mittel- und osteuropäischer Bildungsqualifikationen und die Entwicklung von Konzepten, diese den Anforderungen des deutschen Arbeitsmarktes anzupassen, stellen vorausblickende Integrationsmaßnahmen dar.
- Ein kleiner Teil der Migranten, die in der Vergangenheit nach Deutschland zugewandert sind, hat sich beruflich selbstständig gemacht. Existenzgründungen von Zugewanderten sind noch immer von beträchtlichen Schwierigkeiten begleitet, obschon sie einen positiven Impuls für den Arbeitsmarkt darstellen (Unabhängige Kommission »Zuwanderung« 2001, S. 226, Sinn/Flaig/Werding 2001, S. 116). Auf der einen Seite gibt es noch vergleichsweise hohe bürokratische Barrieren, auf der anderen Seite sind Zuwanderinnen und Zuwanderer oft nur unzureichend über die Möglichkeiten der Existenzgründung informiert. Vieles spricht dafür, Informations- und Qualifizierungsmaßnahmen zu initiieren, die Existenzgründungen unter den neuen Migranten ermutigen.
- Ein nicht zu unterschätzender Gesichtspunkt der Qualifizierungs- und Integrationspolitik ist, solche Rahmenbedingungen zu schaffen, die eine Diskriminierung von Migranten am Arbeitsplatz ausschließen und die sich gegen soziale Ausgrenzungen wenden. Anders kann es für Zuwanderer kaum einen Anreiz geben, aufnahmelandspezifisches Humankapital zu erwerben.

Die oben aufgeführten Punkte dürften für eine erfolgreiche Integration neuer Migranten aus Mittel- und Osteuropa eine entscheidende Rolle spielen. Integrationspolitik muss allerdings gleichermaßen die heimische Bevölkerung (Deutsche und Ausländer) im Blick behalten und darauf reagieren, wenn es zu sozialen Spannungen zwischen neu Zuwandernden, einheimischen Deutschen und schon länger in Deutschland lebenden Ausländerinnen und Ausländern kommt. Zudem kann eine neue Zuwanderung Versäumnisse bei der Integration von bereits im Lande lebenden Migrantinnen und Migranten verschärft zum Tragen bringen.

15 Gerade bei Aussiedlern hat sich gezeigt, dass mitgebrachte Ausbildungen und Berufserfahrungen nicht adäquat umgesetzt werden konnten. Dies kommt einer Verschwendung von Humankapital gleich.

Es ist zu vermuten, dass die Neu-Zuwanderung aus Mittel- und Osteuropa die Arbeitsmarktkonkurrenz vor allem für solche Personen verstärkt, die weniger gut qualifiziert sind, die keine formalen Abschlüsse mitbringen und die Schwierigkeiten mit der deutschen Sprache haben. Das trifft vor allem auf bereits in Deutschland lebende Arbeitsmigrantinnen und Arbeitsmigranten zu, die in den sechziger und siebziger Jahren nach Deutschland kamen, sowie auf deren Kinder und Enkel. Da absehbar ist, dass gering qualifizierte Personen – auch unabhängig von Zuwanderungen – immer weniger Chancen auf dem Arbeitsmarkt haben werden, sind Anstrengungen im Bereich der Qualifizierung und sprachlichen Förderung von bereits länger im Lande lebenden Zugewanderten unumgänglich. Dies gilt vor allem für die zweite und dritte Generation, die gerade bei einer künftigen neuen Zuwanderung Gefahr läuft, der Konkurrenz auf dem Arbeitsmarkt nicht mehr gewachsen zu sein. Um den daraus möglicherweise entstehenden Problemen wie hohe Arbeitslosigkeit und sozialen Spannungen vorzubeugen, sind bereits länger in Deutschland lebende Zugewanderte, die nur geringe deutsche Sprachkenntnisse und keine hinreichende Ausbildung haben, verstärkt in Qualifizierungsmaßnahmen einzubeziehen. Vor allem gilt es, eine Förderung im Vorschul- und Grundschulalter zu entwickeln und einzusetzen, die eine ansatzweise chancengleiche Entwicklung von einheimischen und Kindern mit Migrationshintergrund ermöglicht. Diese Aufgabe wird sich auch künftig bei der Integration von Kindern aus Zuwandererfamilien, beispielsweise aus Mittel- und Osteuropa, in das deutsche Schul- und Ausbildungssystem stellen.

Resümee

Die Frage, welche Auswirkungen die Zuwanderung aus Mittel- und Osteuropa bei Einführung der Freizügigkeit in Folge der Osterweiterung auf Beschäftigung, Löhne und Sozialsysteme in Deutschland haben könnte, beschäftigt die Politik und Öffentlichkeit seit einigen Jahren. Weniger akut schien bisher das Problem, welcher Qualifizierungs- und Integrationsbedarf im Falle der Osterweiterung für die neuen Migrantinnen und Migranten entsteht. Dabei sind Qualifizierungs- und Integrationsmaßnahmen wesentliche Steuerungselemente zur erfolgreichen Integration der neuen Zuwanderer aus Mittel- und Osteuropa in Arbeitsmarkt und Gesellschaft.

Es wurde argumentiert, dass Qualifizierungs- und Integrationsmaßnahmen nach der EU-Osterweiterung sich nicht nur an den Bedürfnissen der neuen Zuwanderer aus Mittel- und Osteuropa orientieren dürfen, sondern auch die Interessen der Personen (Einheimische und bereits länger in Deutschland lebende Ausländerinnen und Ausländer) berücksichtigen müssen, die in Konkurrenz zu den neuen Immigranten stehen und deren Position sich durch neue Zuwanderungen potenziell verschlechtern könnte. Als wesentliche Punkte künftigen Qualifizierungsbedarfs wurden für beide Gruppen deutsche Sprachkompetenzen benannt und eine berufliche (Weiter)-Qualifizierung, die darauf abzielt, vorhandene Qualifikationen zu nutzen, Dequalifizierung – vor allem auf längere

Sicht – zu vermeiden und die Personen mit geringer oder ohne Ausbildung in eine bessere Arbeitsmarktposition bringt. Diese Maßnahmen greifen aber nur dann, wenn wirtschaftliche und gesellschaftliche Rahmenbedingungen gegeben sind, die Zuwanderern auf längere Sicht eine gleichberechtigte Position am Arbeitsmarkt und in der Gesellschaft einräumen.

Literatur

Dietz, Barbara. (2002): East West Migration Patterns in an Enlarging Europe: The German Case, The global Review of Ethnopolitics, Vol. II, no. 1, September 2002. Online in Internet: URL: http://www.ethnopolitics.org/archive/volume_II/issue_1/dietz.pdf

Fassmann, Heinz (2002): EU-Erweiterung und Arbeitsmigration nach Deutschland und Österreich. Quantitative Vorhersagen und aktuelle Entwicklungstendenzen. In: IMIS-Beiträge, Heft 19, S. 65–88.

Fassmann, Heinz/Hintermann, Christiane (1997): Migrationspotential Ostmitteleuropa. Struktur und Motivation potentieller Migranten aus Polen, der Slowakei, Tschechien und Ungarn. ISR-Forschungsbericht 15, Wien: Österreichische Akademie der Wissenschaften.

Hönekopp, Elmar (1999): Central and East Europeans in the Member Countries of the European Union since 1990: Development and Structure of Migration, Population and Employment. Background Report. Nürnberg: Institute for Employment Research.

IOM (1998): Migration Potential in Central and Eastern Europe. Genf: IOM.

Schulz, E. (1999): Zuwanderung, temporäre Arbeitsmigranten und Ausländerbeschäftigung in Deutschland. In: Vierteljahreshefte zur Wirtschaftsforschung, (68), Heft 3, S. 386–423.

Sinn, Hans-Werner/Flaig, Gebhard/Werding, Martin/Munz, Sonja/Düll, Nicola/Hofmann, Herbert (2001): EU-Erweiterung und Arbeitskräftemigration. Wege zu einer schrittweisen Annäherung der Arbeitsmärkte. München: ifo Institut für Wirtschaftsforschung.

Unabhängige Kommission »Zuwanderung« (Hrsg.; 2001): Zuwanderung gestalten, Integration fördern. Berlin.

Zimmermann, Klaus F./Bauer, Thomas/Bonin, Holger/Fahr, René/Hinte, Holger (2002): Arbeitskräftebedarf bei hoher Arbeitslosigkeit. Bonn: Springer.

Helge Margaret Knipping

Bundesamt für Migration und Flüchtlinge, Nürnberg

Aktueller Stand des neuen Integrationskonzeptes

1. Gesetzliche Grundlage in § 43 Abs 5 Satz 2 – 4 AufenthG, gesamtgesellschaftliche Aufgabe, Einbindung aller Gruppen, § 43 Abs 5 AufenthG

Durch das Zuwanderungsgesetz wird die umfassende Integration von Zuwanderern erstmals auch auf eine gesetzliche Grundlage gestellt. Das Gesetz bietet somit einen Einstieg in umfassende Integrationsmaßnahmen. § 43 Abs 5 AufenthG regelt, dass eine vom Bundesministerium des Innern (BMI) bestimmte Stelle ein bundesweites Integrationsprogramm entwickelt, in dem insbesondere die bestehenden Integrationsangebote von Bund, Ländern und Kommunen sowie von privaten Trägern/Wirtschaft für Ausländerinnen und Ausländer wie auch für Spätaussiedlerinnen und Spätaussiedler festgestellt und Empfehlungen zur Weiterentwicklung vorgelegt werden.

Bei der Entwicklung des Programms sowie der Erstellung von Informationsmaterialien über bestehende Angebote werden beteiligt:

- die Länder, die Kommunen,
- die Ausländerbeauftragten von Bund, Ländern und Kommunen sowie
- der Beauftragte der Bundesregierung für Aussiedlerfragen, desgleichen
- die Religionsgemeinschaften, Gewerkschaften, Arbeitgeberverbände,
- die Träger der Freien Wohlfahrtspflege
- und sonstige gesellschaftliche Interessenverbände.

2. Ziel der Integration: »gesellschaftliche Teilhabe und gesamtgesellschaftliche Aufgabe«

Um den Zuwanderinnen und Zuwanderern eine Integrationschance bieten zu können, muss ihnen eine *gleichberechtigte Teilhabe am wirtschaftlichen, gesellschaftlichen, politischen und kulturellen Leben* ermöglicht werden. Zugleich müssen Toleranz, Akzeptanz und wechselseitiger Respekt zwischen den Bevölkerungsgruppen gestärkt und Integrationsangebote bereit gestellt werden. Das Beibehalten der eigenen kulturellen Identität der Zugewanderten ist dabei genauso selbstverständlich zu beachten, wie es zur Bewahrung des inneren Friedens grundsätzlich gilt, Parallelgesellschaften und Gettoisierung zu vermeiden. Bislang fehlte ein zeitgemäßes und zugleich *zukunftsfähiges Gesamtkonzept für die Steuerung der Zuwanderung und die Integration der Zugewanderten. Mit dem Zuwanderungsgesetz werden auch erstmals staatliche Integrationsmaßnahmen für Zuwanderinnen und Zuwanderer flächendeckend gefördert und gesetzlich geregelt.*

3. Vier Säulen der Integration: Ökonomie/Recht, Gesellschaft, Politik, Kultur

Unter der Integration von Zuwanderinnen und Zuwanderern wird die gleichberechtigte Teilhabe am *wirtschaftlichen/rechtlichen, politischen, sozialen und kulturellen* Leben in Deutschland verstanden.

Integration wird auf der Basis von politischen und gesellschaftlichen Wertvorstellungen definiert. Hierbei sind die Unterschiede zwischen der Herkunftsgesellschaft und der Aufnahmegesellschaft von großer Bedeutung. Die Integration ist abhängig von den im Herkunftsland erworbenen Kenntnissen und Fähigkeiten und den Möglichkeiten, diese in das Aufnahmeland zu transferieren.

4. Förderung der »interkulturellen Kompetenz« in der Aufnahmegesellschaft

Integration ist eine gesamtgesellschaftliche Aufgabe der staatlichen und nichtstaatlichen Organisationen gemeinsam mit der Bevölkerung, wobei zur Akzeptanzerhöhung der *Förderung interkultureller Kompetenz in der Aufnahmegesellschaft* verstärkte Bedeutung zukommt.

Eine ganz entscheidende Bedeutung kommt dabei bestimmten Institutionen zu. Deutschland braucht Institutionen, die den Integrationsprozess in allen Bereichen unterstützen und fördern und dazu auf Grund der Erlangung interkultureller Kompetenz auch in der Lage sind. Die Mitarbeiterinnen und Mitarbeiter müssen lernen, mit Menschen anderer Herkunft und Kultur umzugehen. Dies bedeutet, die vielfältigen Kulturen kennen zu lernen und sie mit in den Prozess der Erlangung interkultureller Kompetenz einzubringen.

5. Schwerpunkte des Integrationsprogramms

Im Bereich Integration besteht – wie auch der Zuwanderungsbericht festgestellt hat – bislang ein Nebeneinander und eine unübersichtliche Fülle an Netzwerken, öffentlichen und privaten Projekten und Initiativen mit den unterschiedlichsten Angeboten und Inhalten. Von daher müssen zunächst vorhandene Integrationsangebote von Bund, Ländern, Kommunen, Trägern der Freien Wohlfahrtspflege und anderen privaten Trägern für Ausländer und Spätaussiedler festgestellt und Empfehlungen zur Weiterentwicklung der Integrationsangebote vorgelegt werden. Gleichzeitig gilt es, Schnittstellen zu erkennen. Das Spektrum gestaltet sich hier sehr weitflächig und facettenreich. In Vorbereitung auf diese Aufgabe wurden Materialien von verschiedensten Maßnahmeträgern angefordert oder initiativ eingereicht und eine erste grobe Sichtung vorgenommen. Zudem wurden zahlreiche persönliche Kontakte geknüpft.

Um möglichst zeitnah nach dem Inkrafttreten des Zuwanderungsgesetzes (ZuwG) zum 01.01.2003[16] erste Empfehlungen zur Weiterentwicklung eines bundesweiten Integrationsprogramms geben zu können, sind als Nächstes folgende Schritte vorgesehen:

- Systematische Erfassung von Maßnahmeträgern und Angeboten,
- Analyse und Bewertung der bestehenden Angebote anhand noch zu entwickelnder Auswertungskriterien,
- Erarbeitung eines Modells zur Einbindung aller am Integrationsprogramm zu beteiligenden Gruppierungen (ggf. auch die Einrichtung einer Bund-Länder-Kommunen-Konferenz),
- Förderung von Netzwerken.

Ziel des Bundesamtes ist

- keine reine Bestandsaufnahme,
- sondern die Evaluierung von Angeboten und
- die Schaffung einer best-practice-Plattform
- sowie eine abgestimmte Weiterentwicklung der Angebote.

Projekte sind vor allem auf ihre *Anschubwirkung und ihre Nachhaltigkeit* hin zu bewerten. Auch wenn viele Integrationsprojekte sinnvoller Weise an sozialen Brennpunkten ansetzen und versuchen, Integrationsversäumnisse zu beheben, muss doch *Ziel von Integration* sein, von Reparatur- und Brennpunktprojekten, die punktuell wirken und einer Schadensbegrenzung dienen, wegzukommen und hin zu kommen zu einem *Modell »präventiver« Integration*. Darunter sind Maßnahmen zu verstehen, die das Miteinander einüben, bevor es zu Ausgrenzung, Gettoisierung, Rassismus und Gewalt oder zum Verelendung, Kriminalität und Sucht kommt. In diesem Zusammenhang kommt den Integrationsmaßnahmen für *Jugendliche* besondere Bedeutung zu.

6. Orientierungskurse

Inhaltliche Gestaltung, Strukturierung und Durchführung der Kurse liegen seit dem 01.07.2002 in der Zuständigkeit des Bundesamtes, gemäß § 75 Abs 1 Ziffer 3 a-c AufenthG. Die nun vorgesehenen Orientierungskurse setzen andere Schwerpunkte, § 43 Abs 3 AufenthG. Den Zuwandernden sollen die *Grundzüge der deutschen Geschichte und Politik, der Kultur und der Rechtsordnung* vermittelt werden.

16 Das Zuwanderungsgesetz ist zwar vom Bundespräsidenten im Juni 2002 unterschrieben worden, wurde aber aufgrund der erfolgreichen Klage der CDU/CSU gegen das Abstimmungsverfahren und der Ablehnung durch den Bundesrat im Februar 2003 erneut in die Beratung zurückverwiesen.

Der Orientierungskurs erhält deshalb einen anderen Stellenwert, da das AufenthG an die erfolgreiche Teilnahme der Integrationskurse künftig andere Rechtsfolgen anknüpft: Mit Erteilung der Niederlassungserlaubnis gemäß § 9 AufenthG erhalten Zuwanderer ein Daueraufenthaltsrecht in Deutschland und können zudem bei angestrebter Einbürgerung erreichen, dass die Wartezeit von 8 auf 7 Jahre verkürzt wird, gemäß § 10 Abs 3 STAG.

7. Sprachkurse

Ergänzend zu den im AufenthG beschriebenen neuen Zuständigkeiten des Bundesamtes werden die Sprachfördermaßnahmen für Ausländer und Spätaussiedler durch das Bundesamt strukturiert, inhaltlich gestaltet und koordiniert. Zur inhaltlichen Ausgestaltung der künftigen Sprachkurse strebt das Bundesamt ein stärker differenziertes Verfahren an: Künftig sollen sich Sprachkursangebote stärker an den individuellen Voraussetzungen und Fähigkeiten der Zuwandernden, zum Beispiel an ihrem Bildungshintergrund und ihren bisherigen Lerngewohnheiten orientieren. Das Bundesamt strebt zudem im Bereich der Sprachförderung bundeseinheitliche Einstufungs-, Zwischen- und Abschlusstests an. Die Inhalte sollten sich am Gemeinsamen Europäischen Referenzrahmen (GERR)[17] orientieren. Festzustellen ist, dass für die Sprachförderung *maximal 600 Stunden für Basis- und Aufbausprachkurs* zur Verfügung stehen werden. Gespräche mit Vertretern der Länder sowie mit der Praxis wurden bereits geführt und werden fortgesetzt.

8. Zusammenfassung

Erstmals ist im Gesetz ein Mindestrahmen staatlicher Integrationsangebote vorgesehen, der die Integration von Aussiedlerinnen und Aussiedlern sowie Ausländerinnen und Ausländern harmonisiert. Integration ist nicht nur eine staatliche Herausforderung. Sie stellt zugleich eine gesamtgesellschaftliche Aufgabe dar, an der sich alle gesellschaftlich relevanten Gruppen beteiligen müssen.

Anzustreben ist der Auf- und Ausbau eines Integrationsnetzwerks, das aus dem Wirken aller Beteiligten, aus freiwilligem bzw. bürgerschaftlichen Engagement lebt. Durch den Netzwerkgedanken wird die Abstimmung einzelner Projekte verbessert, die Zusammenarbeit gefördert und die Kommunikation vor allem hinsichtlich gelungener Projekte gewährleistet.

Integration ist gesellschaftlich notwendig und ökonomisch sinnvoll – nicht zuletzt auch deshalb, weil auch Nicht-Integration Geld kostet. Das Bundesamt für Migration und Flüchtlinge ist auch ein *Bundesamt für Integration*. Es hat bereits vielfältige Initiativen ergriffen und wird im Rahmen seiner *Konzeptkompetenz* die

---

17 Richtlinie in Europa zur Durchführung der Sprachförderung, in der die zu erreichenden Sprachstufen definiert und festgelegt sind, darunter z.B. auch zum Zertifikat Deutsch.

Integration der neu Zuwandernden, aber auch der bereits hier lebenden Migrantinnen und Migranten fördern.

Literatur:

Gemeinsamer Europäischer Referenzrahmen für Sprachen: lernen, lehren, beurteilen. URL: http:/www.goethe.de/z/50/commeuro/i0.htm

Welt, Jochen (2001): 4 Säulen der Integration. In: Mehrländer, Ursula/Schulze, Peter W. (Hrsg): Einwanderungsland Deutschland, Neue Wege nachhaltiger Integration, S. 23ff.

Monika Mazur-Rafał

Zentrum für Internationale Beziehungen, Warschau

Braindrain – der polnische Fall. Kontinuität oder Wandel?

Die politischen Veränderungen in Mittel- und Osteuropa haben eine tiefgreifende Transformation des politischen und wirtschaftlichen Systems sowie Reformen der staatlichen und privaten Sektoren nach sich gezogen. Auch der zum staatlichen Sektor gehörende Bereich von Wissenschaft und Forschung unterlag drastischen Veränderungen. Wissenschaftler bekamen die Veränderungen vor allem wirtschaftlich zu spüren. Schon die vom Staat verhängten Sparmaßnahmen bedeuteten starke Gehaltskürzungen, und die hinzukommende, schnell steigende Inflation erschwerte den Akademikern, den alten Lebensstandard beizubehalten. Dies hatte zur Folge, dass selbst hervorragende Spezialisten ihren Lebensunterhalt nicht mehr verdienen konnten und nicht selten in Armut geraten sind. Diese Entwicklungen, verbunden mit den Erfahrungen des *Braindrains*[18] in den 1980er Jahren, wurden mit großer Sorge hinsichtlich der Zukunft mancher Forschungssektoren in den mittel- und osteuropäischen Länder beobachtet. Im In- und Ausland befürchtete man, dass die begabtesten Wissenschaftler und Experten auswandern würden und dass dies zur Verlangsamung der Systemtransformation führen könne.

Haben sich diese negativen Prognosen bestätigt? Im folgenden Beitrag wird versucht, diese Frage zu beantworten und das Problem des *Braindrains* in Polen unter die Lupe zu nehmen. Im ersten Teil wird das Ausmaß des Phänomens mit Hilfe von statistischen Daten beschrieben, um auf diese Weise die Frage zu beantworten, ob Polen vom Problem des *Braindrains* objektiv betroffen ist. Die Daten spiegeln den Verlauf über die letzten 50 Jahre wieder, um das aktuelle *Braindrain*-Risiko einschätzen zu können. Näher eingegangen wird auf die Frage, ob das Risiko einer Emigration von Fachkräften kontinuierlich hoch ist, insbesondere wegen der neuen Rahmenbedingungen (EU-Beitritt), oder ob vielleicht ein Wandel stattgefunden hat. Im zweiten Teil werden Ursachen und Konsequenzen des *Braindrains* für die polnische Wissenschaft aufgezeigt. Darauf aufbauend wird im dritten Teil die öffentliche Meinung zur Problematik thematisiert. Der letzte Abschnitt des Beitrags ist der polnischen Migrationspolitik bezüglich der Auswanderung polnischer hochqualifizierter Arbeitskräfte gewid-

18 Gemeint ist hier Auswanderung von hoch qualifizierten Personen oder Spezialisten aus einem Land in ein anderes oder in einen anderen Wirtschaftssektor mit dem Ziel, eine höhere Bezahlung oder bessere Lebensbedingungen zu erreichen.

met. Die nationale Migrationspolitik wird vor dem Hintergrund des künftigen EU-Beitritts Polens erörtert, weil dies die Rahmenbedingung für die polnische Politik im Allgemeinen darstellt[19].

Ist Polen vom *Braindrain* betroffen?

Um festzustellen, ob Polen an der Schwelle des EU-Beitritts vom Problem des *Braindrain* objektiv betroffen ist, werden die Auswanderungsdaten insbesondere hinsichtlich des Ausbildungsniveaus analysiert. Die Auswahl der Daten umfasst die Emigration vor und nach der Wende. Leider sind die statistischen Daten bis 1989 aus mehreren Gründen nicht zuverlässig: Erstens wollte die Regierung der Volksrepublik Polen die Realität einer Emigrationsbewegung nicht wahrhaben. Deshalb legte sie keinen Wert auf die Erhebung und Sammlung valider Daten. Zweitens erklärte sie die Auswanderung der hochqualifizierten Arbeitskräfte mit Hilfe von ideologischen Kategorien: Auswanderer als Feinde des Regimes und Landesverräter. Dementsprechend wurden die Statistiken maßgeblich geschönt. Außerdem basierten (und basieren immer noch) die offiziellen Statistiken auf den Angaben der persönlichen Erklärung der Betreffenden hinsichtlich ihres dauerhaften Aufenthaltsortes. Aus Angst vor Repressionen haben viele Leute diese Erklärung gar nicht erst abgegeben, obwohl sie in Wirklichkeit ausgewandert sind. Aber auch die statistischen Angaben nach 1989 sind mit einer gewissen Vorsicht zu betrachten. Da man in Polen nur entweder Grenzübertritte oder Ankunft bzw. Abreise in Bezug auf die Änderung des Daueraufenthalts registriert, sind die Angaben über aktuelle Migrationsentwicklungen nicht zuverlässig. Deshalb werden in diesem Beitrag sowohl die offiziellen Daten wie auch die in der Fachliteratur angegebenen Schätzungen und Statistiken aus den Aufnahmeländern benutzt.

Seit Polen nach dem Ersten Weltkrieg wieder ein unabhängiger Staat geworden ist, war es bis Anfang der 1990er Jahre ein typisches Emigrationsland. Dies bestätigen sogar die offiziellen Angaben. Nach den großen Migrationsbewegungen in Zusammenhang mit dem Zweiten Weltkrieg pendelte sich die polnische Emigration in den 1950er Jahren auf ein Niveau zwischen 2.000–3.000 Personen jährlich ein, da eine Ausreise kaum möglich war. Die Zahlen stiegen parallel zum politischen Tauwetter wieder an. In den 1960er Jahren hat sich die Emigration auf dem Niveau von etwa 20.000 Personen jährlich stabilisiert. Danach variierten die Auswanderungszahlen; in den 1970er Jahren zwischen etwa 10.000 bis 35.000 Personen jährlich und in den 1980er Jahren auf einem höheren Niveau, das heißt zwischen 20.000 und 35.000 Personen jährlich (vgl. Tab.1).

19 Besonderer Dank gilt Markus Lindner und Stephan Schwieren für die Unterstützung bei Recherchen und Hilfe bei der Redaktion des Textes.

Tabelle 1 Internationale Migration. Polen. Jährlich in Tausend. Offizielle Statistik auf der Basis von Daueraufenthaltserlaubnissen

Jahr (ausgewählt)	Auswanderer	Einwanderer
1945	1.506.000	2.283.000
1950	60.900	8.100
1955	1.900	4.700
1960	28.000	5.700
1965	28.600	2.200
1970	14.100	1.900
1971	30.200	1.700
1973	13.000	1.400
1975	9.600	1.800
1977	28.900	1.600
1979	34.200	1.700
1981	23.800	1.400
1983	26.200	1.200
1985	20.500	1.600
1987	36.400	1.800
1989	26.600	2.200
1991	21.000	5.000
1993	21.300	5.900
1995	26.300	8.100
1997	20.200	8.400
1999	21.500	7.500
2000	26.900	7.300

Quelle: Zentralamt für Statistik (Główny Urząd Statystyczny)

Braindrain in den 1980er Jahren

In der polnischen wie auch in der ausländischen Literatur herrscht Konsens darüber, dass die *Braindrain*-Bewegung im polnischen Fall ihren Höhepunkt in den 1980er Jahren erreichte. In der deutschen Fachliteratur werden folgende Daten genannt:

- 1980-87 Auswanderung: 76.300 Akademiker nach Westdeutschland, Frankreich und in die USA
- 1983-87 Auswanderung: 59 700 Personen mit Hochschulabschluss nach Westdeutschland
- 1980er Auswanderung: 19.800 Ingenieure, 8.800 Wissenschaftler und Akademiker, 5.500 Ärzte, 6.000 Krankenschwester, in den Jahren 1981–88 etwa 50–55% davon nach Deutschland (vgl. Straubhaar 2000)

Den polnischen Angaben zufolge sind im Zeitraum vom 1980 bis 1989 nur etwa 271.000 Personen ausgewandert; in anderen Quellen findet man Schätzungen, denen zu Folge in diesem Zeitraum zwischen 1,1 Mio und 1,3 Mio Polen emigriert sind, davon die Mehrzahl nach Westdeutschland, Zahlen, die die deutschen Quellen bestätigen (zum Beispiel Aufnahme von 700.000–800.000 Polen; vgl. Iglicka 2001, S. 4). Aus den Statistiken geht hervor, dass der Anteil von hochqualifizierten Personen an der Gesamtgruppe der polnischen Emigranten im Vergleich zur Gesamtbevölkerung in den 1980er Jahren überproportional hoch war. Diesen Schätzungen zufolge haben damals etwa 15% der polnischen Akademikerinnen und Akademiker, vor allem Informatiker, Physiker und Biologen das Land verlassen, entweder auf der Basis von Dauerarbeitsverträgen oder mit dem Ziel der Niederlassung in einem fremden Land. Das meist gewählte Zielland waren die USA, gefolgt von Westdeutschland, etwa 10% der polnischen Ausgewanderten (vgl. Tab. 2 und Hryniewicz/Jałowiecki/Mync 1992).

Nach der Transformation

Die Transformation hat neue Möglichkeiten und Herausforderungen für gut ausgebildete Personen eröffnet. Die Statistiken bestätigen, dass einerseits die jährliche Auswanderungsrate in den 1990er Jahren niedriger war als die in den 1980er Jahren und sich andererseits die absolute Zahl auf dem Niveau von etwa 20.000 Personen jährlich stabilisiert (Tab.1). Die Analyse der Ausbildungsstruktur zeigt, dass in den 1990er Jahren vor allem niedrig Ausgebildete ausgewandert sind; die Hochqualifizierten machen nur einen sehr kleinen Prozentanteil aus: Bei Männern im Jahre 2000 lediglich 1,5%, bei Frauen sogar nur 1,1%. 1999 waren es 1,87% bei den Männern und 2,45% bei den Frauen. Die Arbeitskräfte mit Hochschulabschluss und Abitur sind zumeist im besten Alter (zwischen 35–44 und 45–54 Jahren) ausgewandert (Tab. 2). Dies gilt sowohl für Männer als auch für Frauen. Doch Personen mit maximal Hauptschulabschluss sind in der Mehrzahl. Unter den niedrig Ausgebildeten spielt die Gruppe von jungen Emigrantinnen (zwischen 15–24 Jahren) sowie die der etwas älteren, aber durchaus im besten Alter (zwischen 35–44 Jahren), die größte Rolle. Es gibt dabei keine wesentlichen Unterschiede zwischen Frauen und Männern. Die meisten Frauen wandern mit Hauptschulabschluss oder Abitur aus, die meisten Männer entweder mit Hauptschul- oder mit Realschulabschluss.

Tabelle 2 Auswanderer nach Geschlecht, Alter (nach 15 Jahre alt und mehr) und Ausbildung[20]

Alter	Insgesamt	Hochschul-abschluss	Abitur a)	Realschul-abschluss	Hauptschul-abschluss und weniger b)
1999					
Männer					
insges.	9.822	184	625	1.283	7.730
15-24	3.944	6	120	228	3.590
25-34	1.297	24	94	193	986
35-44	2.043	58	202	454	1.329
45-54	1.416	64	138	256	958
55-64	707	17	56	102	532
65+	415	15	15	50	335
1999					
Frauen					
insges.	9.412	231	1.074	742	7.365
15-24	2.062	9	122	68	1.863
25-34	2.014	47	269	212	1.486
35-44	2,362	77	397	290	1.588
45-54	1.414	81	183	126	1.034
55-64	864	13	73	31	747

20 Zur Vergleichbarkeit der Bildungsabschlüsse in Polen und Deutschland: Die Kategorien der Tabelle beruhen auf dem alten, mittlerweile geänderten Schulsystem: die achtjährige Grundschule war für alle Schüler verpflichtend. Damit endete für einen Teil der Schüler die Schulzeit, der Abschluss war vergleichbar mit dem Hauptschulabschluss. Eine zweite Gruppe ging für drei weitere Jahre auf eine sogenannte Berufschule (vergleichbar in etwa mit dem Realschulabschluss). Vier weitere Jahre gingen diejenigen in die Schule, die das Gymnasium besuchten und ihre Schulzeit nach 12 Jahren mit dem Abitur (Hochschulreife) abschlossen.

Alter	Insgesamt	Hochschul-abschluss	Abitur a)	Realschul-abschluss	Hauptschul-abschluss und weniger b)
2000 Männer					
Insges.	12.402	185	824	1.587	9.806
15-24	4.415	9	162	234	4.010
25-34	1.584	21	119	209	1.235
35-44	2.577	59	258	549	1.711
45-54	2.137	69	206	390	1.481
55-64	1.234	26	58	167	983
65+	455	10	21	38	386
2000 Frauen					
Insges.	12.097	137	1.362	945	9.653
15-24	2.664	–	140	73	2.451
25-34	2.413	32	320	221	1.840
35-44	2.947	55	502	393	1.997
45-54	2.031	38	290	189	1,514
55-64	1.329	11	89	51	1,178
65+	713	1	21	18	673

Quelle: Zentralamt für Statistik (Główny Urząd Statystyczny)

a) inklusive nicht abgeschlossener Hochschulabschlüsse;

b) inklusive nicht abgeschlossener achtjähriger Grundschule bzw. der Fälle, in denen die Ausbildung nicht bekannt ist.

Die bereits angesprochenen Zielregionen waren auch in den 1990er Jahren attraktiv; man kann sogar eine größere Anziehungskraft feststellen (Tab. 3, 4 und 5). Daher ist der polnische *Braindrain* am ehesten in diesen Ländern (Deutschland, USA) zu finden.

Tabelle 3 Auswanderinnen und Auswanderer aus Polen im Zeitraum 1997 – 2000 nach ausgewählten Zielländern

Zielland	1981 - 1985	1986 - 1990	1991 - 1995	1995	1996	1997	1998	2000
Insgesamt weltweit	120.148	146.820	112.725	26.277	21.300	20.210	22.177	26.999
Europa	99.007	120.733	90.497	20.917	17.005	16.289	18.446	22.865
Deutschland	73.362	87.631	79.667	18.105	14.800	14.187	16.128	20.472
Frankreich	4.230	4.962	1.482	368	255	243	266	309
Schweden	3.787	3.916	2.119	578	365	283	250	249
USA	11.924	14.654	12.656	3.179	2.490	2.224	2.217	2.572
Kanada	4.273	6.987	7.291	1.682	1.348		1.076	1.206

Quelle: Zentralamt für Statistik (Główny Urząd Statystyczny)

Tabelle 4 Konzentration der geographischen Richtungen

Jahr	Europa und Nordamerika, insgesamt in %	Deutschland in Europa in Prozent
1990	97,3	82,5
1991	97,5	86,6
1992	97,6	88,7
1993	98,2	90,1
1994	98,1	89,1
1995	98,2	86,6
1996	97,9	87,0
1997	98,3	87,0
1998	98,0	87,4
1999	98,3	86,7
2000	98,7	89,5

Quelle: Zentralamt für Statistik (Główny Urząd Statystyczny)

Tabelle 5 Migrationssaldo Polen 2000

Kontinent/Land	Einwanderung	Auswanderung	Bilanz
Europa	4.134	22.865	- 18.731
Österreich	202	532	- 330
Frankreich	269	309	- 40
Deutschland	2.494	20.472	- 17.978
Griechenland	82	111	- 29
Spanien	46	239	- 193
Schweiz	59	249	- 190
Großbritannien	256	273	- 17
Ehem. Sowjetunion	1.084	49	+ 1.035
Weißrussland	77	5	+ 72
Kasachstan	408	1	+ 407
Litauen	51	9	+ 42
Russland	129	9	+ 120
Ukraine	291	21	+ 270
Asien	251	43	+ 208
Vietnam	51	1	+ 50
Afrika	120	38	+ 82
Nordamerika	1.516	3.778	- 2.262
USA	1.185	2.572	- 1.387
Kanada	331	1.206	- 875
Lateinamerika	60	32	+ 28
Australien	162	193	- 31

Quelle: Zentralamt für Statistik (Główny Urząd Statystyczny)

Nach den oben abgebildeten Statistiken lässt sich nicht belegen, dass Polen aktuell vom *Braindrain* betroffen ist, ein Ergebnis, das ein von der Europäischen Kommission gefördertes Projekt zum Migrationsverhalten von Akademikerinnen und Akademikern aus den mittel- und osteuropäischen Ländern im Zeitraum 1991/1992 in hohem Maße bestätigt. Den Ergebnissen zufolge haben weniger Wissenschaftler ihre Heimat 1991/1992 verlassen als zuvor angenommen. Dies hat man als Beweis dafür interpretiert, dass die wirtschaftliche und politische Unterstützung der postkommunistischen Staaten Früchte getragen hat, so dass diese Länder aufgrund einer verbesserten wirtschaftlichen Lage als Lebensraum attraktiv geblieben oder sogar geworden sind (vgl. Rhode 1993).

Eine andere Methode, um festzustellen, ob Polen vom *Braindrain* betroffen ist, ist die Berechnung eines *skill ratio* (verstanden als Anteil der Hochqualifizierten zur Gesamtpopulation) für die polnische Gesellschaft als Ganzes und dann für die Gruppe der Aus- und Einwandernden.

Tabelle 6 Skill ratio bei polnischen Ein- und Ausgewanderten (2000)

	Polen	Polnische Auswanderer/innen (2000)	Einwanderer/innen nach Polen (2000)
Population	38.300.000	24.499	5.638
Anteil der Hochqualifizierten	3.753.400	322	1.388
Skill ratio	0,098	0,013	0,244

Quelle: Zentralamt für Statistik (Główny Urząd Statystyczny) und eigene Berechnungen

Die Tabelle zeigt, dass die polnischen Auswanderinnen und Auswanderer im Vergleich zur Gesamtpopulation im Jahr 2000 geringer qualifiziert waren. Der Statistik nach kann man heutzutage allenfalls von einer schwachen *Braindrain*-Bewegung reden. Dagegen kann man durchaus von einem *Braingain*[21] für Polen sprechen, denn ein nicht unerheblicher Anteil der nach Polen Einwandernden verfügt über ein höheres Ausbildungsniveau.

Wie lassen sich die aus der Analyse der statistischen Daten gewonnenen Ergebnisse erklären? Inwieweit sind sie glaubwürdig? Es gibt keine einfache Antwort auf diese Fragen. Klar ist, dass die von Polen angewandte Methodologie der Datenerhebung und -sammlung der Komplexität der Migrationsbewegungen nicht gerecht wird. Schließlich weiß man, dass die Arbeitsaufnahme im Ausland auf Basis eines Arbeitsvertrages nicht zwangsläufig zu einer Änderung des dauerhaften Aufenthaltsortes führen muss, und es ist auch bekannt, dass nicht in jedem Fall die Verlagerung des Lebensmittelpunkts offiziell erklärt wird. Vielfach handelt es sich bei diesen Fällen um befristete Aufenthalte, was in der Statistik nicht zum Ausdruck kommt. Außerdem werden Auswanderungsentscheidungen seltener getroffen. Statt dessen wird das Modell der Pendelmigration gewählt, da die hochentwickelten Kommunikations- und Verkehrssysteme diese Migrationsform attraktiv erscheinen lassen. Selbst wenn für Polen ein *Braindrain* gegeben sein sollte, ohne dass sich dies in den unzureichenden Statistiken abbildet, so kann auf jeden Fall festgehalten werden, dass die Zahl der hochqualifizierten Auswanderinnen und Auswanderer sich im Vergleich zu den 1980er Jahren verringert hat. Die Frage, ob diese Tendenz dauerhaft ist und auch im Zuge des EU-Beitritts bestehen bleibt, muss allerdings offen bleiben.

21 *Braingain* als Gegenteil vom *Braindrain* ist dann gegeben, wenn der Saldo zwischen Einwanderung und Auswanderung von Hochqualifizierten positiv ist.

EU-Beitritt

Die polnische Position in den Beitrittsverhandlungen über das Kapitel Freizügigkeit und der Verlauf dieser Verhandlungen sind ein Beweis dafür, dass die polnische Regierung die Frage des *Braindrain* nicht für gravierend hält und nicht zu den dringensten Problemen zählt. Während der Verhandlungen vertrat Polen die Auffassung, dass polnische Bürgerinnen und Bürger ab dem ersten Tag nach dem EU-Beitritt das Recht auf Freizügigkeit haben sollten. Die polnische Position drückt die Überzeugung aus, dass gleiche Pflichten auch gleiche Rechte bedeuten. Zwar hatte diese diplomatische Initiative zum Ziel, zusätzliche Arbeits- und Verdienstmöglichkeiten für zahlreiche polnische Arbeitslose zu schaffen, doch die Frage des *Braindrains* wurde nur in diesem Zusammenhang angesprochen und wenn, dann eher in Pressekommentaren. Es gab keine offizielle Analyse bzw. Überlegung, in der man kritisch die möglichen Folgen einer vollen Freizügigkeit diskutiert hätte (vgl. Organa 2002).

Der Mangel an Arbeitskräften in einzelnen Branchen in verschiedenen EU-Mitgliedstaaten (Informatiker, Ingenieure, Spezialisten mit allerart technischen Ausbildung, Ärzte, Krankenschwestern, Fachkräfte für die Bereiche Pflege, Gastronomie und Hotelgewerbe, Saisonarbeiter) auf der einen Seite, und Arbeitslosigkeit bzw. relativ niedrige Löhne auf dem polnischen Arbeitsmarkt auf der anderen Seite tragen dazu bei, dass immer mehr bilaterale Verträge zwischen Polen und EU-Mitgliedstaaten geschlossen werden (Czerwińska 2002). Diese Verträge werden mit der Hoffnung verbunden, Arbeitslosigkeit und Armut bekämpfen zu können, was auf nationaler Ebene allein nicht gelingt. Unter diesen Gesichtspunkten wird die Freizügigkeit von Arbeitskräften nicht mit der *Braindrain*-Problematik in Verbindung gebracht. In den Medien wird die Öffnung nach Europa als Chance für manche Berufsgruppen dargestellt.

Die Politik des polnischen Staates in Fragen der Migration und die hohe Arbeitslosigkeit (etwa 17,5% aller Beschäftigten) könnten zur Schussfolgerung führen, dass es relativ schnell zu sektoralen *Braindrains* kommen kann, wenn ein EU-Mitgliedstaat einen dringenden Bedarf an bestimmten Spezialisten hat und dies mit einem günstigen Arbeitsangebot verbindet. Allerdings ließe sich kaum sagen, ob es hier im Endeffekt zu einem *Braindrain* oder vielleicht eher zu einem *Brainexchange*[22] kommt, weil dies von den individuellen Entscheidungen der Migrantinnen und Migranten abhängig ist. Von einem massiven *Braindrain* kann in den 1990er Jahren für Polen nicht die Rede sein, weil die wesentlichen Bedingungen, das heißt eine dringende Nachfrage und ein günstiges Angebot, nicht gegeben waren. Zwar werden zusätzliche, hochqualifizierte Arbeitskräfte aus Polen bei aktueller Konjunkturschwäche in den EU-Mitgliedstaaten gesucht, aber es handelt sich um eine limitierte Anzahl von Arbeitnehmerinnen und Arbeitnehmern mit einem ganz speziellen Ausbildungsprofil. Aber wenn die Bedingungen

---

22 Gemeint ist ein Bewegungszyklus, in dem eine Person im Ausland ein Studium aufnimmt oder einen Job ausübt, anschließend in das Herkunftsland zurückkommt und von den im Ausland erworbenen Erfahrungen, Wissen und Kontakten profitiert.

nicht attraktiv sind, so werden die Arbeitsangebote nicht angenommen, wie das Beispiel des Schröderschen Angebots für IT-Spezialisten gezeigt hat[23]. Nur sehr wenige polnische Informatiker haben sich entschieden, auf der Basis der Green-Card in Deutschland zu arbeiten. Mit anderen Worten – auch wenn die aktuelle *Braindrain*-Bewegung in Polen niedrig ist, so bedeutet das nicht, dass es nach dem Beitritt so bleiben wird.

Braingain

Könnten die eventuellen Verluste, die im Zusammenhang mit der Arbeitsaufnahme polnischer Spezialisten im Ausland entstehen, durch Immigranten kompensiert werden? Mit anderen Worten: Könnten negative Effekte der Auswanderung von polnischen hochqualifizierten Arbeitskräfte durch die Einstellung von Einwanderern gemildert werden? Die aktuellen Migrationsbewegungen zeigen allerdings, dass schon aus rein rechnerischen Gründen ein solcher »Austausch« schwer möglich ist, denn die Migrationsstatistik zeigt, dass auf einen ausländischen Immigranten etwa 3,7 polnische Emigranten kommen (Tab.7).

Tabelle 7 Migrationsbilanz. Polen 2000

Kontinent/Land	Einwanderung	Auswanderung	Bilanz
Europa	4.134	22.865	- 18.731
Österreich	202	532	- 330
Frankreich	269	309	- 40
Deutschland	2.494	20.472	- 17.978
Griechenland	82	111	- 29
Spanien	46	239	- 193
Schweiz	59	249	- 190
Großbritannien	256	273	- 17
Ehem. Sowjetunion	1.084	49	1.035
Weißrussland	77	5	72
Kasachstan	408	1	407
Litauen	51	9	42
Russland	129	9	120

23 Gemeint ist die *Green Card*-Regelung der deutschen Bundesregierung.

Kontinent/Land	Einwanderung	Auswanderung	Bilanz
Ukraine	291	21	270
Asien	251	43	208
Vietnam	51	1	50
Afrika	120	38	82
Nordamerika	1.516	3.778	- 2.262
USA	1.185	2.572	- 1.387
Kanada	331	1.206	- 875
Lateinamerika	60	32	28
Australien	162	193	- 31

Quelle: Zentralamt für Statistik (Główny Urząd Statystyczny)

Darüber hinaus stellt sich generell die Frage, ob die Fähigkeiten und das Wissen von hochqualifizierten Personen im hier angesprochenen Sinn überhaupt ersetzbar sind, ob zum Beispiel eine Sprachlehrerin einen Ingenieur o. Ä. ersetzen kann. Die Daten über die Ausbildungsstruktur der in den letzten zwei Jahren Eingewanderten zeigen, dass die meisten von ihnen entweder über einen Hochschulabschluss bzw. Abitur oder über die mittlere Reife mit Berufsausbildung verfügt, insbesondere gilt dies für die Immigrantinnen. Die Gruppe der gering qualifizierten Zuwanderinnen und Zuwanderer ist im Vergleich zu früher deutlich kleiner. Bei den hochqualifizierten Immigrantinnen und Immigranten dominieren zwei Altersgruppe: Die 25–34 Jährigen und 35–44 Jährigen, das heißt Menschen im besten Alter. Die gering Qualifizierten sind in der Regel entweder jünger (zwischen 15 und 24 Jahren) oder deutlich älter (zwischen 55 und 64 Jahren sowie über 65 Jahren; siehe Tab. 8).

Auf den ersten Blick könnte man schlussfolgern, dass hier ein *Braingain* stattfindet. Dies wäre mit Sicherheit der Fall, wenn man nachweisen könnte, dass die Zugewanderten die Posten in den Branchen und Berufen übernommen haben, die von den polnischen Spezialistinnen und Spezialisten verlassen wurden. Dies ist jedoch nur in einem begrenzten Umfang möglich. Den Statistiken zufolge arbeiteten die meisten Einwanderinnen und Einwanderer im Jahr 2000 im Bildungssektor, ferner in der Industrie, im Handel, im Immobilienhandel und im Bauwesen. Doch es gibt keine genaueren Angaben darüber, wie viele dieser Leute tatsächlich als Spezialisten in ihren Berufen in Polen arbeiten. Tabelle 9 gibt lediglich Auskunft über die Branchen, in denen Ausländerinnen und Ausländer am 31.12.2000 beschäftigt waren (Basis: Unternehmen, die über 5 Arbeitnehmer beschäftigen). Dabei ist zu beachten, dass »Ausländer« und »Immigrant« nicht gleich zu setzen sind; trotzdem wurde die Tabelle in den Beitrag aufgenommen, um einen Eindruck davon zu vermitteln, in welchen Branchen Ausländerinnen und Ausländer eine Beschäftigung gefunden haben.

Tabelle 8 Einwanderinnen und Einwanderer nach Polen nach Geschlecht, Alter (über 15 Jahre) und Ausbildung

Alter	Insgesamt	Hochschulabschluss	Abitur a)	Realschul-Abschluss	Hauptschulabschluss und weniger b)
1999 Männer					
Insgesamt	2.874	825	834	687	528
15 – 24	464	45	109	94	216
25 – 34	632	191	194	208	39
35 – 44	651	218	229	156	48
45 – 54	513	205	152	114	42
55 – 64	262	75	66	66	55
65 +	352	91	84	49	128
1999 Frauen					
Insgesamt	2.735	779	964	290	702
15 – 24	327	42	79	15	191
25 – 34	501	198	190	73	40
35 – 44	638	231	277	74	56
45 – 54	488	182	195	60	51
55 – 64	386	91	134	39	122
65 +	395	35	89	29	242
2000 Männer					
Insgesamt	3.057	812	1.056	727	462
15 – 24	492	33	178	148	133
25 – 34	746	229	278	186	53
35 – 44	635	178	256	156	45
45 – 54	544	206	183	110	45
55 – 64	299	94	84	66	55
65 +	341	72	77	61	131

Alter	Insgesamt	Hochschulabschluss	Abitur a)	Realschul-Abschluss	Hauptschulabschluss und weniger b)
2000 Frauen					
Insgesamt	2.626	576	1.122	324	604
15 – 24	364	38	161	30	135
25 – 34	468	158	208	72	32
35 – 44	544	139	279	88	38
45 – 54	531	144	258	64	65
55 – 64	342	62	118	50	112
65 +	377	35	100	20	222

Quelle: Zentralamt für Statistik (Główny Urząd Statystyczny)

a) inklusive nicht abgeschlossener Hochschulausbildung

b) inklusive nicht abgeschlossener Pflichtschule bzw. Personen, deren Ausbildung nicht bekannt ist

Tabelle 9 In Polen beschäftigte Ausländerinnen und Ausländer am 31.12.2000 (in Unternehmen mit mehr als 5 Beschäftigten)

Branche	Insgesamt	Männer	Frauen
Alle	7.038	5.192	1.846
Industrie	1.607	1.418	189
Bauwesen	285	271	14
Handel	964	823	141
Hotels und Gastronomie	231	195	36
Finanzvermittlung	255	207	48
Immobilienhandel	630	510	120
Schulwesen	2.231	1.184	1.047
Gesundheit und Soziales	201	146	55
Übrige	359	210	149

Quelle: Zentralamt für Statistik (Główny Urząd Statystyczny), Beschäftigung in der Nationalen Wirtschaft in 1999, Warschau 2000.

Ebenso fehlen genauere statistische Angaben zur Remigration polnischer Migranten. Qualitative Forschungen über diese Gruppe haben gezeigt, dass es zum *Brain-Exchange* kommt. Polnische Remigranten profitieren in Polen von den im Ausland erworbenen Fähigkeiten, Kontakten, Erfahrungen und Kapital. Sie gründen eigene Unternehmen oder übernehmen Leitungspositionen in internationalen Firmen. In der Regel handelt es sich um Beispiele für Erfolgsgeschichten (vgl. Iglicka 2002).

Ursachen und Implikationen des *Braindrains*

Von den vielen Ursachen, die zu *Braindrain* führen, werden im Folgenden diejenigen kurz betrachtet, die jederzeit dazu beitragen können, dass das Risiko des *Braindrains* in Polen realer wird. Eine erste Ursache ist die schlechte finanzielle Situation des Staatsbudgets, die strenge Sparmaßnahmen im Bereich Forschung und Wissenschaft nach sich zieht. Diese Situation ist in Polen zurzeit gegeben. Da sich mit der Zeit immer mehr Möglichkeiten zur Arbeitsaufnahme im Ausland eröffnen werden (nicht zuletzt aufgrund des Beitritts Polens zur EU), könnten sich viele Spezialisten entscheiden, abzuwandern.

Die schlechte Lage im Wissenschaftsbereich erklärt sich nicht alleine durch den niedrigen finanziellen Beitrag des Staates, sondern auch durch die fehlende private Förderung und Finanzierung von Forschung. So beträgt der Anteil des Staates an der Finanzierung etwa 75% der gesamten Ausgaben für Forschung in Polen, während dieser Anteil sich in den Vereinigten Staaten auf nur 25% beläuft (vgl. Bartman 2002). Da es keine ausreichenden Verknüpfungen zwischen Wirtschaft und Wissenschaft und auch keinen Willen und Strategie zum Aufbau dieser Beziehungen gibt, engagiert sich die Wirtschaft bei der Finanzierung der Forschung lediglich auf sehr niedrigem Niveau. Ein System der privaten Kofinanzierung der Forschung hat sich bis heute noch nicht herausgebildet. So gesehen ist der Anteil des Staates verhältnismäßig groß, doch wenn man die staatlichen Ausgaben für Forschung und Ausbildung in Relation zum BIP setzt, erweisen sie sich als sehr klein, etwa 0,6 des BIP (vgl. Bielecki 2002).

Die schlechte Situation der öffentlichen Finanzen und die nicht adäquate Struktur der Forschungsfinanzierung haben zu einer katastrophalen budgetären Lage in einzelnen Forschungseinrichtungen geführt: Es gibt keine Fonds für Forschungsprojekte, und es fehlt eine adäquate Forschungsausstattung. Hinzu kommt, dass der Zugang zu den neuesten und kostenintensiven Forschungsergebnissen nicht optimal ist. Ein letzter, wichtiger Faktor, der zur Arbeitaufnahme im Ausland zwingen könnte, ist das niedrige Einkommensniveau.

Vor diesem Hintergrund verwundert es nicht, wenn junge Wissenschaftlerinnen und Wissenschaftler keine Perspektive für ihre berufliche Weiterentwicklung im Lande sehen. Heutzutage sind nur große internationale Unternehmen in der Lage, in Forschungsprojekte sowie Humankapital zu investieren. Die Folge kann ein inländischer *Braindrain* sein. So verzichten viele Forscherinnen und Forscher auf eine wissenschaftliche Karriere und fangen in der Wirtschaft an. Wenn sie in einen Bereich einsteigen, der mit der früheren wissenschaftlichen Aktivität nicht verbunden ist, dann besteht die Gefahr des Verlusts der spezifischen Fähigkeiten, die sie während ihrer Ausbildung erworben haben.

Implikationen des *Braindrains*

Die negativen Effekte des *Braindrains* der 1980er Jahre haben einen großen Einfluss auf das Erscheinungsbild der polnischen Wissenschaft gehabt. Eine erste Folge ist die marginale Position der polnischen Wissenschaft im globalen Wettbewerb. Nach Informationen des Instituts für Wissenschaftliche Information in Philadelphia liegt Polen auf Platz 20 hinsichtlich der Anzahl von wissenschaftlichen Publikationen und nur 1,3% aller in Europa zum Patent angemeldeten Anträge kommt aus Polen. Die OECD-Angaben aus dem Jahre 2001 belegen, dass Polen im Bereich High-Tech noch hinter Moldawien und Rumänien rangierte (vgl. Bartman 2002). Die Prognosen für die nächste Zukunft sind ebenfalls nicht vielversprechend. Immer wieder hört man, dass Akademiker öffentlich beklagen, dass die begabtesten Forscher ausgewandert seien und nur die weniger guten im Lande blieben. Da letztere aber für den Aufbau von Forschungsteams zuständig sind, fördere dies die Tendenz, den Status quo beizubehalten (vgl. Bartman 2002).

Für den Verlust an Spitzenkräften bezahlt man in zweifacher Hinsicht. Polen als Entsendebevölkerung und Polen als Steuerzahler tragen die Kosten der Ausbildung der Auswandernden. Die Früchte der (Forschungs-)Arbeit hochqualifizierter Emigrantinnen und Emigranten gehen dem Herkunftsland verloren, da sie am neuen Aufenthaltsort geerntet werden. Diese negativen Effekte können nur durch *Brainexchange* gemildert werden. Zu den positiven (Neben-)Effekten des *Braindrain* gehören außerdem Fähigkeiten und Erfahrungserwerb im Ausland, finanzielle Transfers und die Werbung für wissenschaftliche Karrieren oder Ausbildung.

Öffentliche Wahrnehmung des Problems

Bemerkenswert ist, dass das Phänomen des *Braindrains* in Polen nicht viel Aufmerksamkeit erfährt. Auch bei den Beitrittsverhandlungen war das Risiko eines *Braindrains* kein Thema, ebenso wenig bei den mehrfachen Änderungen des polnischen Ausländergesetzes. Die polnische politische Klasse scheint das Problem als solches nicht als akut einzuschätzen.Wie lässt sich dieser Umstand erklären? Eine mögliche Erklärung, die die Analyse der Berichterstattung zum Thema nahelegt, ist, dass es sich um ein »Elitenproblem« handelt, das nur von Akademikern und Wissenschaftlern wahrgenommen wird, die ihr Arbeitsmilieu beobachten und auf dieser Basis kritische Meinungen formulieren[24], zumal nur 9,8% der Bevölkerung einen Hochschulabschluss hat.

Die Gesellschaft scheint zum einen an die Situation, dass die besten Köpfe auswandern, gewöhnt zu sein und dies schweigend zu akzeptieren. Zum anderen wird mit Auswanderung nichts Negatives assoziiert, schließlich verdienen in manchen Regionen nur diejenigen Geld, die ins Ausland gehen. Bei einer Arbeitslosenquote von 17,5% konzentriert sich zudem die öffentliche Debatte auf die Perspektiven und Chancen, die sich durch den Beitritt zur Union für niedrigqualifizierte Arbeitskräfte ergeben könnten. Unter diesem Gesichtspunkt hat die Frage der Arbeitnehmerfreizügigkeit in der polnischen Gesellschaft in der Tat größere Kontroversen ausgelöst, nicht aber in der Frage der »Elite-Wanderung«.

Die Politik des polnischen Staates hinsichtlich des *Braindrains*

Polen hatte im Bereich einer Migrationspolitik relativ wenig Tradition und Erfahrung. Nach dem Zweiten Weltkrieg war Auswanderung streng limitiert und wurde öffentlich totgeschwiegen. Es gab daher keine dafür speziell zuständige staatliche Institution, nur wenige gesetzliche Regelungen und so gut wie keine Forschung. Auch nach der »Wende« wurde die Frage der Migration von den polnischen Entscheidungsträgern als relativ unwichtig eingeschätzt. Die Aufmerksamkeit richtete sich vornehmlich auf die Probleme der politischen und ökonomischen Transformation des Landes. Erst die Beitrittsperspektive hat als Impuls zur Erarbeitung von Rechtsgrundlagen und der Schaffung von Institutionen im Bereich Migration gewirkt. Als Richtschnur für alle Veränderungen des polnischen Ausländerrechts dienten der *acquis communautaire* der EU sowie nationale Lösungen einzelner EU-Mitgliedstaaten. Heutzutage ist der Anpassungsprozesses in diesem Bereich fast abgeschlossen. Im April 2002 wurde das polnische Ausländerrecht zum dritten Mal geändert, und im Juni 2002 wurde das Verhandlungskapitel Justiz und Inneres vorläufig abgeschlossen. Dies ist ein Beweis dafür, dass Polen in diesem Bereich große Fortschritte gemacht hat.

Die Analyse der polnischen Migrationspolitik seit 1989 zeigt hingegen, dass hier lediglich reagiert worden ist und noch wird. Einige Experten sind sogar der Meinung, dass von einer Migrationspolitik in Polen nicht die Rede sein kann, eine These, die durchaus haltbar ist (vgl. Iglicka/Rybicki 2003). Dies zeigt sich auch in der Einstellung des Staates gegenüber der Emigration. Als 1989 die Grenzen geöffnet wurden, konnte jede Bürgerin bzw. jeder Bürger Polens souverän darüber entscheiden, ob sie resp. er migrieren wollte. Der Staat hat keinen Einfluss auf diese Entscheidungen genommen, und dies gilt bis heute, ungeachtet der negativen Konsequenzen durch die Abwanderung hochqualifizierter Personen. Da-

24 Für den Beitrag wurde die Berichterstattung von den zwei führenden polnischen Tageszeitungen – *Rzeczpospolita* und *Gazeta Wyborcza*- im Zeitraum von 1990 bis 2002 vorgenommen.

bei müsste dringend darüber geforscht und öffentlich diskutiert werden; es müsste nach Lösungen gesucht werden, wie man das Potenzial von *Brainexchange* und *Braingain* (durch Zuwanderung aus den östlichen Nachbarländern Polens) nutzen könnte. Es müsste nach Wegen gesucht werden, um dem *Braindrain* vorzubeugen bzw. entgegenzuwirken, auch wenn es dafür leider kein wirksames Rezept gibt. Paradoxerweise »hilft« derzeit die Verschlechterung der wirtschaftlichen Konjunktur, da weniger neue Arbeitskräfte gesucht und eingestellt werden. Die sinkende Nachfrage nach polnischen Expertinnen und Experten führt dazu, dass an die Einzelnen höhere Ansprüche gestellt werden.

Es wäre auch verfehlt, damit zu rechnen, dass sich die Perspektive der polnischen Wissenschaft schon dadurch verbessert, dass man sich den globalen Forschungsstrukturen öffnet. Die bloße Erwartung, dass man sich nur anbieten müsse und dann warten könne, um von dem fahrenden Zug von internationalen Förderern quasi mitgenommen zu werden, ist fahrlässig. Vielmehr bedarf es aktiver Strategien, und die Maßnahmen sollten in erster Linie auf diejenigen Berufsgruppen gerichtet sein, die vom *Braindrain* am stärksten betroffen sind bzw. sein können (zum Beispiel Mediziner/Ärzte, Biotechnologen, Mathematiker, Physiker, Ingenieure). Ihnen sollte man gute Arbeitsbedingungen (hinsichtlich Gehalt und Forschungsinfrastruktur) bieten. Damit die Kosten nicht allein vom Staat getragen werden müssen, gilt es, die Forschungsfinanzierung zu reformieren. Darüber hinaus sollten die Kontakte zwischen den in Polen arbeitenden und den emigrierten polnischen Forscherinnen und Forschern ausgebaut werden. Erste Anfänge sind gemacht worden, so zum Beispiel sind Beziehungen zu den polnischen Akademikern in den USA geknüpft worden[25].

Neben diesen kurzfristigen Maßnahmen sollte eine langfristige Strategie zur Unterstützung der polnischen Wissenschaft erarbeitet werden. In erster Linie müsste entschieden werden, ob man sich auf bestimmte Forschungsbereiche konzentrieren sollte, um bessere Ergebnisse, zumindest in diesen Branchen erreichen zu können. Ausgewählt werden sollten Bereiche, in denen Polen schon Erfolge vorzuweisen hat. Nur auf diese Weise wird es möglich sein, den besten Köpfen im Lande gute Arbeitsbedingungen anzubieten und sie im Lande zu halten.

Ferner wäre es notwendig, die Rahmenbedingungen für die Unterstützung von Forschung zu verbessern, zum Beispiel für die Kontaktaufnahme mit Sponsoren, Stiftungen usw. Hier hat eine britische Stiftung (*The Wellcom Trust*), die im medizinischen Bereich tätig ist und hohe Stipendien anbietet, ein positives Beispiel gegeben. Sie bietet den jungen Ärzten, die ihre Forschung in Polen durchführen, Stipendien an; in den nächsten fünf Jahren werden insgesamt 20 Mio. Pfund bereitgestellt. Dieses Modell sollte Schule machen und von anderen Stiftungen übernommen werden (vgl. Bartman 2002).

---

25 Zum Beispiel sammelte *The Polish Institute of Arts and Science* in den USA Adressen von ca. 1.500 polnischen Wissenschaftlerinnen und Wissenschaftlern (vgl. Bartman 2002, S. D).

Schlussfolgerung

Festzuhalten ist, dass nach den offiziellen Statistiken Ende der 1990er Jahre das Problem des *Braindrain* in Polen nicht gegeben zu sein scheint. Doch da die Datenerhebung und -sammlung in diesem Bereich die Komplexität der Migrationsbewegungen nur unzureichend erfasst, sind die Daten mit Vorsicht zu interpretieren. Richtig ist, dass die Gruppe der polnischen Auswanderer nicht mehr wie in den 1980er Jahren von einem überproportional hohem Anteil Hochausgebildeter gekennzeichnet ist. In den 1990er Jahren emigrierten in erster Linie diejenigen, die sich an die neue Realität nicht anpassen konnten und unter denen die weniger Qualifizierten dominieren. In diesem Sinne hat im Jahrzehnt der Transformation der Charakter der Migration einen Wandel erfahren.

Das Risiko des *Braindrains* ist real und sollte nicht unterschätzt werden. Dies gilt nicht nur für Polen, sondern generell für alle Länder, die Teile der globalisierten Weltwirtschaft sind. In Polen ist es höchste Zeit, die Konsequenzen von *Braindrain, Braingain* und *Brainexchange* zu diskutieren und dementsprechende Handlungsstrategien zu erarbeiten. So eine Debatte muss jedoch auf Wissen basieren. Dafür bedarf es einer validen Datenbasis und seriöser Analysen. Darüber hinaus muss das Thema in die öffentliche Diskussion eingebracht werden. Auch wenn es zunächst als ein »Eliteproblem« erscheint, wirkt es sich auf die politische, wirtschaftliche und kulturelle Situation Polens insgesamt aus. Gleichzeitig bedarf es der Überprüfung der durch die lange Tradition eines typischen Auswanderungslandes herausgebildeten Denkmuster und Sichtweisen, zumal mit der Zeit Polen auch ein Immigrationsland sein wird. Auch hierfür müssen angemessene Instrumente entwickelt werden. Es bedarf einer langfristig konzipierten Migrationspolitik, und es ist notwendig, schon heute in Kategorien eines effektiveren *Human Ressources Managements* zu denken.

Literatur

Backhaus, Beate/Ninke, Lars/Over, Albert (2002): Brain Drain – Brain Gain. Eine Untersuchung über internationale Berufskarrieren, Stifterverband für die Deutsche Wissenschaft, Bericht Juni 2002.

Bartman, K. (2002): Wielka ucieczka neuronów. In: Rzeczpospolita, 14.05.2002.

Bielecki, J. (2002): Polscy naukowcysąjuż w Unii. In: Rzeczpospolita, 18.11.2002.

Cervantes, Mario/Guellec, Dominique.: The Brain Drain. Old Myths, New Realities, OECD Directorate for Science, Technology and Industry. Online in Internet: URL: www.mm.dk/filer/BrainFINAL05.Feb1_.pdf

Czerwińska, D. (2002): Wymagania pracodawców rosną. In: Rzeczpospolita, 11.12.2002.

Hillmann, Felicitas/Hedwig, Rudolph. (1996): Jenseits des Brain Drain. Zur Mobilität westlicher Fach- und Führungskräfte nach Polen. Discussion Paper FS 1 S. 96–103. Berlin: Wissenschaftszentrum für Sozialforschung.

Hryniewicz, Janusz/Jałowiecki, Bohdan/Mync, Agnieszka (1992): The Brain Drain in Poland. University of Warsaw, European Institute for Regional and Local Development. Warsaw: Warsaw University Press.

Iglicka, Krystyna (2001): Migration Movements from and into Poland in the Light of East-West European Migration. In: International Migration 39, Heft 1.

Iglicka, Krystyna (2002): Migracje powrotne Polaków. Instytut Spraw Publicznych, Warszawa.

Iglicka, Krystyna/Rybicki, Robert. (2003): Schengen-consequences for national migration policy (forthcoming). Institute for Public Affairs. Warsaw (Typoskript).

Mahroum, Sami: Europe and the Challenge of the Brain Drain, IPTS. Online in Internet: URL: www.jrc.es/iptsreport/vol29/english/SAT1E296.htm

Okólski, Marek/Kępińska, Ewa (2001): Recent Trends in International Migration. Poland 2001, SOPEMI Report, Ośrodek Badań nad Migracjami. Warszawa.

Organa, Malgorzata (2002): The Free Movement of Workers and Poland´s Accession to the European Union, aktualisiert 30.10.2002. Hrsg. von der Deutschen Gesellschaft für Auswärtige Politik. Bonn.

Rhode, Barbara (1993): Migration – European Integration and the Labour Force Brain-Drain. Brussels: European Commission, DG XII, Programme COST A2-1993.

Straubhaar, Thomas (2000): International Mobility of the Highly Skilled: Brain Gain, Brain Drain or Brain Exchange, HWWA-Hamburg Discussion Paper 88. Hamburg.

Straubhaar, Thomas/ Wolburg, Martin: Brain Drain and Brain Gain in Europe – An Evaluation of the East-European Migration to Germany. Online in Internet: URL: http://migration.ucdavis.edu/cmpr/sdreport/thomas1/thomas.html

Ulrike Ruth Nováková

Diplombetriebswirtin, Hamburg

Arbeitnehmerfreizügigkeit zwischen Deutschland und Tschechien: Ein Problem nach der EU-Osterweiterung?

Seit dem Regierungsgipfel von Kopenhagen im Dezember 2002 ist die EU-Osterweiterung beschlossene Sache: Zum Jahr 2004 wird die Tschechische Republik, zusammen mit sieben weiteren mittel- und osteuropäischen Staaten, Mitglied der Europäischen Union sein. Im folgenden Artikel wird ein Problem thematisiert, das in Deutschland und Österreich als ein besonders ernsthaftes Hindernis für die Akzeptanz der Erweiterung gilt: die Arbeitskräftemobilität und, damit im Zusammenhang, die zu erwartende Migration aus den mittel- und osteuropäischen Ländern[26] (im Folgenden MOEL abgekürzt) in die jetzigen Mitgliedstaaten der EU. Die Tschechische Republik als Deutschlands direkter Nachbar steht dabei im Mittelpunkt der Betrachtungen.

Die Arbeitnehmerfreizügigkeit als Grundfreiheit des EG-Vertrags

Der freie Personenverkehr[27] ist ein wesentliches Ziel der europäischen Integration; dementsprechend nimmt die Arbeitnehmerfreizügigkeit einen hohen Stellenwert ein, sowohl im geltenden Recht der EU als auch in den Beitrittsverhandlungen[28]. Die Freizügigkeit der Arbeitnehmerinnen und Arbeitnehmer innerhalb der EU ist in den Artikeln 39–42 EGV[29] geregelt. Kern des Rechts der Arbeit-

26 Estland, Lettland, Litauen, Polen, Tschechien, Slowakei, Slowenien, Ungarn sowie Bulgarien und Rumänien

27 Durch sekundärrechtliche Bestimmungen und die kühne Rechtssprechung des Europäischen Gerichtshofes entwickelte sich aus der Freizügigkeit der Arbeitnehmer und Selbständigen nach und nach eine umfassende Personenfreizügigkeit innerhalb der Gemeinschaft, die seit Maastricht mit der Einführung der »Unionsbürgerschaft« (Art. 17-22 EGV) direkt im EG-Vertrag verankert ist. Für EU-Bürger, die weder Arbeitnehmer noch deren Angehörige sind, ist eine Einreise oder Zuwanderung nur möglich, wenn die betreffenden Personen einen Krankenversicherungsschutz und ausreichende Mittel nachweisen können, um ihren Lebensunterhalt selbst zu bestreiten.

28 Vgl. hierzu auch die Ausführungen von Cyrus im vorliegenden Band.

29 EGV – EG-Vertrag (Vertrag zur Gründung der Europäischen Gemeinschaften)

nehmerfreizügigkeit ist das Diskriminierungsverbot des Art. 39 Abs. 2 EGV: »die Abschaffung jeder auf der Staatsangehörigkeit beruhenden unterschiedlichen Behandlung der Arbeitnehmer der Mitgliedstaaten in Bezug auf Beschäftigung, Entlohnung und sonstige Arbeitsbedingungen«.

Art. 39 Abs. 3 EGV konkretisiert den Begriff der Arbeitnehmerfreizügigkeit als Recht auf ungehinderten Zugang zum Arbeitsmarkt, zu Stellensuche und Arbeitsvermittlung; er gewährt der Arbeitnehmerin bzw. dem Arbeitnehmer Ein- und Ausreisefreiheit, ein unmittelbares Aufenthaltsrecht und ein Verbleiberecht[30] nach Beendigung einer Beschäftigung im Hoheitsgebiet eines Mitgliedstaats. Die praktische Umsetzung des Artikels richtet sich nach Verordnung 1612/68/EWG und Richtlinie 68/360/EWG. Artikel 42 EGV (konkretisiert durch die Verordnung 1408/71/EWG) dehnt das Freizügigkeitsrecht auf den Bereich der sozialen Sicherheit aus, damit Arbeitnehmern, die im Laufe ihres Lebens in mehreren EU-Mitgliedsländern gearbeitet haben, und deren anspruchsberechtigten Angehörigen keine Einbußen beim Sozialversicherungsschutz entstehen[31].

Das Recht der Arbeitnehmerfreizügigkeit ist nur für Unionsbürger, d.h. für Staatsangehörige der Mitgliedstaaten, gewährleistet. Gemäß der Systematik der Grundfreiheiten des Binnenmarktes finden die Bestimmungen über die Arbeitnehmerfreizügigkeit keine Anwendung, wenn ein rein innerstaatlicher Sachverhalt vorliegt.

Derzeitige Beschäftigungsmöglichkeiten für tschechische Staatsangehörige in Deutschland

Da Tschechien (noch) nicht Mitglied der Europäischen Union ist, haben die Staatsangehörigen der Tschechischen Republik – ebenso wie die der anderen MOEL – bisher keinen Anspruch auf eine Aufenthaltsgenehmigung und Arbeitserlaubnis in Deutschland[32]. Seit 1991 gilt eine bilaterale Vereinbarung über gegenseitige Beschäftigung[33] zwischen der Tschechischen Republik (vorher ČSFR) und Deutschland, die in einem engen legislativen und administrativen Rahmen vier offizielle Formen für die (temporäre) Beschäftigung tschechischer Staatsangehöriger in Deutschland zulässt[34].

---

30 Präzisiert durch die Verordnung 1251/70/EWG.

31 Ausführlicher dazu und zu den Zugangsbedingungen zum deutschen Sozialsystem siehe Sinn (Hrsg.) 2001, S. 127ff.

32 Die Vereinbarung wurde zwischen dem Ministerium für Arbeit und Soziales der ČSFR und der Bundesanstalt für Arbeit in Nürnberg geschlossen. Auch nach der Teilung der ČSFR behielt sie ihre Gültigkeit. Ähnliche Übereinkünfte wurden auch mit anderen MOEL auf bilateraler Ebene getroffen.

33 Die Zahl der in Deutschland sozialversicherungspflichtigen Arbeitnehmer aus der Tschechischen Republik, die in Deutschland ihren rechtmäßigen Wohnsitz haben, wird in tschechischen Quellen mit gegenwärtig 6–9 Tausend Personen angegeben, vgl. Regierungsrat für Sozial- und Wirtschaftsstrategie 2001, S. 162.

34 Ausführlich dazu siehe Vavrečková/Fischlová/Janata 2002, S. 6ff.

- 1. Verfahrensabsprache über die Vermittlung tschechoslowakischer Arbeitnehmer für eine Beschäftigung bis zu drei Monaten innerhalb eines Jahres in der Bundesrepublik Deutschland (*Saisonarbeit*);
- 2. Vereinbarung zwischen der Regierung der ČSFR und der Regierung der BRD über die Beschäftigung von Arbeitnehmern zur Erweiterung ihrer beruflichen und sprachlichen Kenntnisse (*Gastarbeitnehmervereinbarung*; einmalige Beschäftigung von max. 18 Monaten Dauer);
- 3. Vereinbarung über die Entsendung tschechoslowakischer Arbeitnehmer aus Unternehmen mit Sitz in der ČSFR nach Deutschland im Rahmen eines *Werkvertrags*;
- 4. Grenzüberschreitende Fahrt zur Arbeit in das deutsche Grenzgebiet mit täglicher Rückkehr auf tschechisches Staatsgebiet (*Grenzgängerbeschäftigung*, sog. *Pendeln* im Umkreis von 50 km Entfernung von der Staatsgrenze).

Diese vier Formen finden sich auch in der Anwerbestoppausnahmeverordnung (ASAV)[35] wieder. Auf Basis dieser Vereinbarungen sind jährlich über 300 000 Arbeitnehmerinnen und Arbeitnehmer aus den MOEL in Deutschland temporär beschäftigt.

Ein grundlegender Trend ist, dass das Interesse der Tschechen an einer befristeten Beschäftigung in Deutschland abnimmt. Derzeit ist von etwa 6.000 tschechischen Beschäftigten auszugehen, die jährlich im Rahmen von Saison-, Gast- oder Werkvertragsarbeitsverhältnissen in Deutschland arbeiten (Vavrečková/Fischlová/Janata 2002; Bundesanstalt für Arbeit 2001). Über die Anzahl der zwischen Tschechien und Deutschland Pendelnden gibt es in der Literatur widersprüchliche Angaben: Laut Alecke/Untiedt (2001b, S. 389) umfasste das Pendleraufkommen aus Tschechien 1999 nur noch 2.460 Personen. Die Bundesanstalt für Arbeit ging für das Jahr 2000 von ca. 8.290 tschechischen Grenzgängern aus (2001, S. 3808) und Vavrečková/Fischlová/Janata (2002, S. 12) nennen die Zahl von derzeit etwa 5 000 Personen. Selbst wenn man die höchste Schätzung für die Pendlerinnen und Pendler zugrunde legt, liegt der Anteil der tschechischen Staatsangehörigen an den zeitweilig in Deutschland Beschäftigten aus den MOEL unter 5%. Die bisherigen Erfahrungen lassen noch keine genaue Prognose über den Wanderungsdruck zu, der bei sofort gewährter Arbeitnehmerfreizügigkeit im Zuge der EU-Osterweiterung einsetzen würde. Dafür ist der Zugang zu bestehenden Beschäftigungsmöglichkeiten für Arbeitnehmerinnen und Arbeitnehmer aus den MOEL noch zu stark reguliert.

---

35 Verordnung über Ausnahmeregelungen für die Erteilung einer Arbeitserlaubnis an neueinreisende ausländische Arbeitnehmer (Anwerbestoppausnahmeverordnung ASAV) vom 17.9.1998 (BGBl. I S. 2893), zuletzt geändert am 30.1.2002. Im Rahmen der ASAV gelten für eine ganze Reihe von Personengruppen weitere Ausnahmeregelungen (z.B. für IT-Spezialisten im Rahmen des offiziellen Green-Card-Programms der Bundesregierung, für bestimmte Wissenschaftler und Fach- und Führungskräfte, für Studierende und Praktikanten, Aus- und Fortzubildende und ausländische Au-pair-Beschäftigte in deutschen Familien).

Das Migrationspotenzial aus der Tschechischen Republik

Eine zentrale Frage hinsichtlich der Arbeitnehmerfreizügigkeit im Rahmen der EU-Osterweiterung ist, wie viele Arbeitskräfte zuwandern werden, wenn sie erst einmal dürfen. Vor allem auf deutscher und österreichischer Seite gab und gibt es Befürchtungen, dass die Arbeitnehmerfreizügigkeit nach der Osterweiterung der Union zu massiven Wanderungsbewegungen aus den MOEL in die jetzigen EU-Staaten führen könnte, und es dadurch in den Aufnahmeländern zu großen Verwerfungen auf dem Arbeitsmarkt und zu sozialen Problemen kommen könne. Das Ausmaß der wirtschaftlichen und gesellschaftlichen Folgen ist in erster Linie vom Umfang der Zuwanderung abhängig. Vor diesem Hintergrund wurden in den letzten zehn Jahren zahlreiche Prognosen über das Potenzial der Zuwanderung aus den MOEL in die EU erstellt. Bei den Potenzialschätzungen kann man drei – mehr oder weniger valide – unterschiedliche Vorgehensweisen unterscheiden:

- 1. Ökonometrische Schätzungen, die auf dem gegenwärtigen Einkommensgefälle zwischen den Abwanderungs- und Zuwanderungsländern, auf Prognosen über die Einkommenskonvergenz zwischen den MOEL und der EU-15 sowie auf Migrationsraten historischer Referenzperioden basieren. Dabei bleiben außerökonomische Migrationsmotive und -barrieren weitgehend unbeachtet[36].
- 2. Plausibilitätsansätze, die empirische Daten früherer (Süd-Nord-)Wanderungsbewegungen auf das Migrationspotenzial aus den MOEL übertragen. Dabei ist fraglich, ob die unterschiedlichen Rahmenbedingungen damals und heute einen solchen Vergleich zulassen.
- 3. Soziometrische Verfahren, die sich auf Befragungen zu Migrationsabsichten und -vorstellungen einer repräsentativen Anzahl von Respondenten stützen, wobei die Ergebnisse dann auf die Gesamtbevölkerung hochgerechnet werden. Diese Methode bietet zwar wertvolle Hinweise auf Strukturen und Orientierungen der Wanderungsvorstellungen und die Möglichkeit relativer Vergleiche, weist jedoch immer Probleme der Repräsentativität und Validität auf, da es schwierig ist, subjektive Wünsche und konkrete Migrationsentscheidungen voneinander zu trennen.

Aus einigen Studien lassen sich quantitative Aussagen über das Migrationspotenzial aus der Tschechischen Republik nach Deutschland machen, so z.B. enthält eine Studie des *ifo Instituts* folgende Prognose (Sinn [Hrsg.] 2001, S. 18f.):

---

36 Ausführlicher zur Kritik an den makroökonomischen Modellen siehe Alecke/Untiedt 2001a, S. 321f. u. S. 367ff.

Tabelle 1 Das Migrationspotenzial aus der Tschechischen Republik nach Deutschland

Modellsimulation für ein relatives Einkommenswachstum von 2%, Volle Personenfreizügigkeit bei Einkommensdifferenzen auf Niveau von 1997/98							
	Jahre nach dem EU-Beitritt						
	0	1	2	3	5	10	15
Bestand (in % der Heimat-bevölkerung)	0,2	0,3	0,4	0,6	0,8	1,3	1,6
Bestand (in Tausend)	20	30	43	58	85	135	159
Zum Vergleich: MOEL-5	459	656	902	1.168	1.681	2.660	3.225
Veränderung des Bestands (in Tausend)		10	13	15	13	8	3
Zum Vergleich: MOEL-5		197	246	266	251	160	85
Nettowanderung (in Tausend)		9	12	12	10	5	1
Zum Vergleich: MOEL-5		193	240	248	225	133	60

MOEL-5: Polen, Rumänien, Slowakei, Tschechische Republik, Ungarn

In der Studie des European Integration Consortium (EIC) werden folgende Zuwanderungszahlen prognostiziert (Boeri/Brücker [Hrsg.]. 2000, S. 122f.):

Tabelle 2 Das Migrationspotenzial aus der Tschechischen Republik nach Deutschland

Modellsimulation für ein relatives Einkommenswachstum von 2%, volle Personenfreizügigkeit ab 2002										
	Ausgangs-wert	2002	2003	2004	2005	2010	2015	2020	2025	2030
Bestand (Personen in Tausend, gerundet)										
Tschech. Rep.	18	29	39	48	57	87	105	114	119	120
MOEL -10	*536*	*754*	*952*	*1.131*	*1.293*	*1.891*	*2.235*	*2.420*	*2.506*	*2.531*
Jährliche Veränderung des Bestands (Personen in Tausend, gerundet)										
Tschech. Rep.		11	10	9	8	5	3	1	0,6	0,1
MOEL -10		*218*	*198*	*179*	*162*	*96*	*54*	*28*	*11*	*1,5*

Darüber hinaus gibt es von tschechischer Seite Studien, die sich explizit mit dem Migrations- und Pendlerpotenzial aus der Tschechischen Republik befassen und die in ihren Prognosen deutlich unter den oben genannten Zahlen für das tschechische Migrationspotenzial liegen. Eingehender sollen die Veröffentlichungen von Baštyř ([Hrsg.]2001) und Vavrečková/ Fischlová/Janata (2002) betrachtet werden. Beide Untersuchungen greifen den soziologischen Ansatz von Fassmann/Hintermann (1997) auf, der sich auf die Ergebnisse von Befragungen der Bevölkerung in den MOEL zu deren Migrationsabsichten stützt. Nach den konkreten Realisierungsschritten kann dabei unterschieden werden zwischen

- »allgemeinem bzw. theoretischem Migrationspotenzial« (unverbindliche positive Einstellung gegenüber Migration, aber noch keine Realisierungsschritte unternommen),
- »hypothetisch-wahrscheinlichem Migrationspotenzial« (generelles Interesse an Migration, Informationen über das Zielland bereits eingeholt) und
- »realem Migrationspotenzial« (die Person hat bereits eine Aufenthaltsgenehmigung/Arbeitserlaubnis beantragt, sich nach Unterkunftsmöglichkeiten im Zielland umgesehen oder verfügt bereits über eine Arbeitsplatzzusage).

Während also das allgemeine Migrationspotenzial eine gewisse Obergrenze der Auslandsmigration aus der Tschechischen Republik darstellt, spiegelt das reale Migrationspotenzial in etwa die faktische Auswanderung wieder. Die Ergebnisse einerseits für die Tschechische Republik insgesamt und andererseits für die Landkreise an der deutschen Grenze sind in den folgenden Tabellen zusammengefasst:

Tabelle 3 Das Migrationspotenzial aus der Tschechischen Republik

Art des Migrationspotenzials (Angaben in Prozent der Befragten)	Tschechische Republik insgesamt Umfrage 2000	Landkreise an der Grenze zu Deutschland Umfrage 2001	*Vergleich: Tschechische Republik Umfrage 1996*[1]
Sample	(n = 4.770)	(n = 2.277)	*(n = 4.392)*
Alter	18–60 Jahre	18–60 Jahre	*ab 14 Jahren*
Davon Migration ausschließend	85,7	82,6	*66,0*
Allgemeines Migrationspotenzial	14,3	17,4	*20,1*
– davon rein theoretisch	8,5	10,8	*6,2*
Wahrscheinl. Migrationspotenzial	5,3	5,1	*11,8*
Reales Migrationspotenzial	0,5	1,5	*2,1*

	Tschechische Republik insgesamt Umfrage 2000		Landkreise an der Grenze zu Deutschl. Umfrage 2001	
	(in % des allgem. Migrations-potenzials)	(in % der Befragten insgesamt)	(in % des allgem. Migrations-potenzials)	(in % der Befragten insg.)
Die Auslandsmigration ist als				
– dauerhafte bzw. langfristige Migration (länger als 10 Jahre) geplant	10,9	1,6	11,9	2,1
– zeitweilige Migration geplant	89,1	12,7	88,1	15,3
Insgesamt	*100,0*	*14,3*	*100,0*	*17,4*
Die zeitweilige Migration ist als				
– Pendelmigration geplant	12,2	1,7	25,5	3,4
– Aufenthaltsmigration geplant	76,9	10,0	62,6	11,9
Insgesamt	*89,1*	*12,7*	*88,1*	*15,3*

Quelle: Eigene Zusammenstellung auf Grundlage von Baštýř (bezogen auf die Umfrage im Jahr 2000), Vavrečková/Fischlová/Janata (Umfrage 2001) und Fassmann/Hintermann (Gallup-Umfrage 1996).

Im Einzelnen ergaben die Befragungen, dass rund 85% der tschechischen Bevölkerung im erwerbsfähigen Alter (bzw. mehr als 90% der Gesamtbevölkerung) die eigene Migration ins Ausland ausschließen. Die Hauptgründe, die einer Auslandsmigration entgegenstehen, waren überwiegend subjektiver Natur, in erster Linie die Bindung an Heimat, Familie und Bekannte. Eigentum sowie gute Arbeits- und Verdienstmöglichkeiten im Inland, mangelnde Fremdsprachkenntnisse, ferner wurden zu hohe Kosten der Arbeitsmigration bzw. zu hoher Aufwand mit Formalitäten als weitere Beweggründe genannt (Vavrečková/Fischlová/Janata 2002, S. 73).

Von denjenigen, die einer Migration ins Ausland positiv gegenüberstehen, orientiert sich die große Mehrheit auf einen vorübergehenden, eher kurzfristigen Aufenthalt im Ausland (d. h. Migration mit Rückkehr bzw. wiederholter Rückkehr in die Tschechische Republik bei einer Dauer von bis zu 2 Jahren); viele haben aber auch noch keine genaue Vorstellung über die Dauer des Auslandsaufenthaltes. In der Vergangenheit hat sich immer wieder gezeigt, dass Migration, die ursprünglich zeitlich begrenzt geplant war, sich oft als langfristiger erweist bzw. als dauerhafter Aufenthalt im Zielland endet, vor allem wenn dort Arbeitsplatzsicherheit besteht (vgl. Franzmeyer/Brücker 1997). Laut tschechischer Experten wird sich die Anzahl der im Ausland lebenden und arbeitenden Tschechen voraussichtlich nicht stark erhöhen; sie sollte das Dreifache der jährlichen Migrationskapazität nicht übersteigen (Regierungsrat für Sozial- und Wirtschaftsstrategie 2001, S. 163)[37]. Mehrheitlich ist von individueller Migration auszugehen; der Netzwerk-Ansatz hat als Erklärungsvariable für die Arbeitsmigration von Tschechen eine geringe Bedeutung.

Die Auswertung der Befragungen ergibt, dass das Alter der dominierende Faktor für die Auslandsmigration ist. Über die Hälfte der potenziellen Migrantinnen und Migranten sind unter 25 Jahre alt. Nur bei der Pendlermigration ist die mittlere Altersgruppe (25 bis 39 Jahre) am stärksten vertreten. Mit zunehmendem Alter nimmt die Migrationsneigung stark ab. Typisch für die demographische Entwicklung in der Tschechischen Republik in den nächsten 10–15 Jahren wird vor allem der starke Rückgang des Anteils der 18- bis 24Jährigen an der Gesamtbevölkerung sein. Da dies die Altersstufe mit dem höchsten Migrationspotenzial ist, wird sich – ceteris paribus – die Migrationsneigung in der Bevölkerung schrittweise reduzieren.

Nach dem Bildungsniveau der Befragten ist das Migrationsinteresse verhältnismäßig ausgeglichen. Wesentlich ist jedoch die Feststellung, dass der überwiegende Teil der potenziellen Migranten (ungefähr 70%) erwerbstätige Personen sind (Baštyř [Hrsg.] 2001, S. 47f.). Eine Abhängigkeit zwischen den Bezirken mit hoher Arbeitslosigkeit und hohem Migrationspotenzial ist zwar vorhanden, aber nur schwach ausgeprägt. Zu beachten ist, dass in den strukturschwachen Gebieten der Tschechischen Republik mit hoher Arbeitslosigkeit das durchschnittliche Qualifikationsniveau oft einseitig geprägt ist (z.B. durch Bergbau und Schwerindustrie) und nicht dem Anforderungsprofil der freien Stellen in Deutschland und in den anderen EU-Staaten entspricht. Generell finden die Zuwandernden aus den MOEL in Sektoren mit eher niedrigen Qualifikationsanforderungen Beschäftigung, selbst wenn das mittlere Niveau der formalen Ausbildung bei denselben Zuwandernden deutlich oberhalb des EU-Durchschnitts liegt.

Ein beachtlicher Anteil der potenziellen Migranten hat noch kein konkretes Zielland ausgewählt. Bei denjenigen, die ein solches angegeben haben, steht Deutschland an erster Stelle, gefolgt von den USA, Kanada, Großbritannien und anderen EU-Ländern. Auffallend ist das große Interesse an englischsprachigen Zielgebieten und die geringe Orientierung auf Österreich (außerhalb des unmittelbaren Grenzgebietes zu Österreich). Die Zielländer der potenziellen Migranten unterscheiden sich je nach der bevorzugten Migrationsart und -dauer.

37 Diese Aussage steht in krassem Gegensatz zu den oben vorgestellten Studien von Sinn (Hrsg.; 2001) und Boeri/Brücker (Hrsg.; 2000), wo der Bestand der in Deutschland lebenden tschechischen Bevölkerung langfristig auf knapp 160.000 bzw. 120.000 Personen geschätzt wird.

Tabelle 4 Gebietsorientierung der eventuellen Migration der tschechischen Population

Zielstaat	Angaben in % des allgemeinen Migrationspotenzials der Umfrage 2000 (681 von 4.770 Befragten = 100%)		
	Dauerhafte Migration	Zeitweilige Migration	insgesamt
Deutschland	14,9	25,0	23,9
Österreich	4,1	4,8	4,7
England	5,4	12,2	11,5
Andere EU-Länder	25,7	10,1	11,8
USA/Kanada	20,3	13,2	14,0
Andere Länder der Welt	12,2	7,4	7,9
Unentschiedene Migranten	17,6	27,4	26,3

Quelle: Baštýř, Ivo (Hrsg.) 2001; Band Ia – Synthetischer Teil.

Entscheidend für die Zahl der Zuwandernden ist unter anderem die Aufnahmekapazität der Arbeitsmärkte im jeweiligen Zielland. Diese bestimmt auch die regionale Verteilung der Migrantinnen und Migranten innerhalb des Einwanderungslandes. Innerhalb Deutschlands konzentriert sich die Arbeitsmigration aus Tschechien bisher vornehmlich auf die alten Bundesländer, wobei Bayern überdurchschnittlich oft gewählt wird. Innerhalb Bayerns sind zum einen die wirtschaftlichen Zentren wie München oder Nürnberg und zum anderen (für Pendler) die unmittelbare Grenzregion besonders attraktiv. Dieser Trend wird sich nach Einführung der Arbeitnehmerfreizügigkeit sehr wahrscheinlich fortsetzen und verstärken. Aufgrund der Lage des Arbeitsmarktes in den ostdeutschen Grenzregionen ist nicht zu erwarten, dass die sächsischen Grenzlandkreise zum Zielgebiet tschechischer Zuwanderung werden, während deren Bedeutung für das Pendlerpotenzial wahrscheinlich zunehmen wird (vgl. Alecke/Untiedt 2001b, S. 408).

Als wichtigste ökonomische Determinante des Migrationspotenzials gilt im Allgemeinen das Einkommensgefälle zwischen Herkunfts- und Zielland. Zwischen Tschechien und Deutschland wurde für das Jahr 2000 von einem Lohngefälle (Bruttonominallohn) von 1:7 ausgegangen (vgl. Alecke/Untiedt 2001b, S. 406). Dieser Abstand vermindert sich deutlich, wenn man die unterschiedlich hohen Lebenshaltungskosten in den beiden Ländern berücksichtigt, indem man den Vergleich der durchschnittlichen Lohnniveaus auf der Basis von Kaufkraftparitäten vornimmt[38]. Im Jahr 2000 lag das durchschnittliche Pro-Kopf-Ein-

38 Nach Angaben des *ifo-Instituts* verdienten tschechische Arbeitskräfte 1997 im früheren Bundesgebiet durchschnittlich 8,6 mal so viel wie im Heimatland, in den neuen Bundesländern 6,3 mal so viel, vgl. Sinn (2001, S. 32f.). Umgerechnet in DM zu Kaufkraftparitä-

kommen in der Tschechischen Republik (gemessen zu Kaufkraftparitäten) bei 60% des EU-Durchschnitts (Europäische Kommission 2001a, S. 34). Der hohe Lohnunterschied zu nominalen Wechselkursen ist nur für Tagespendler in den Grenzregionen relevant, die in vollem Umfang von den hohen Löhnen im Beschäftigungsland bei gleichzeitig niedrigen Lebenshaltungskosten im Wohnland profitieren können. Die Motivationsgrenze für Migration (Migrationsschwelle) ist erreicht, wenn in der Heimatregion zwischen 70-75% des realen Nettoeinkommens des Ziellands (für Pendelmigration mehr als 50% des Nettonominallohns) erreicht werden kann. Im Jahr 2001 lag die reale Kaufkraft der durchschnittlichen Nettostundenlöhne in der Verarbeitungsindustrie der Tschechischen Republik gegenüber dem deutschen Vergleichswert bei ca. 55% (ca. 64% im Vergleich zum EU-Durchschnitt); die durchschnittlichen tschechischen Netto-Stundennominallöhne (d.h. die Löhne, die mit dem Wechselkurs umgerechnet wurden) in dieser Branche abzüglich der durchschnittlichen »Pendelkosten« lagen bei ungefähr 27% des Niveaus der gleich definierten Löhne in den alten Bundesländern[39]. Daraus ist ersichtlich, dass der Impuls für die Arbeitsmigration aus der Tschechischen Republik nach Deutschland und in die anderen EU-Staaten aus ökonomischen Gründen weiterhin gegeben ist. Bei einer jährlich ansteigenden Angleichung des tschechischen Lohnniveaus an das der EU-Staaten von 1- bis 1,5 Prozentpunkten wäre schon ab 2005 für das Durchschnittsniveau der EU die Grenze der »Motivationsneutralität« zur Migration (70% des realen Nettoeinkommens zu Kaufkraftparitäten) erreicht. In Bezug auf die deutschen Einkommensverhältnisse würde die »neutrale Grenze« der Einkommensmotivation für die Aufenthaltsmigration zwischen 2010 und 2015 und für die Pendlermigration erst nach 2015 erreicht werden (Baštyř 2001, S. 20f.). Bezogen auf die tschechische Gesamtbevölkerung (nach Standardisierung der Altersstruktur) kommt Baštyř zu folgender zusammenfassender Prognose:

ten überstiegen die deutschen Nettostundenlöhne in der verarbeitenden Industrie die der Tschechischen Republik im Jahr 2000 nur noch um das 1,8-fache, vgl. Baštyř (2001, S. 17).

39 In seinem Modell des Migrationspotenzials berechnet Baštyř für 1997 die durchschnittlichen monatlichen Mehrkosten, die einem Pendler entstehen, wenn er täglich 50 km einfache Strecke zum Arbeitsplatz jenseits der Grenze zurücklegt. Seine Analyse ergibt einen Mehraufwand von 9015 CZK (ca. 250 Euro), was in etwa dem durchschnittlichen monatlichen Nettolohn in der Tschechischen Republik von 1997 entspricht, vgl. Baštyř (2001, S. 18f.).

Tabelle 5 Migrationspotenzial aus der Tschechischen Republik (Hochrechnung aus der Umfrage 2000)

	Tsd. Personen	%
Einwohner insgesamt	10.267,7	100,0
Davon		
Erwägen keine Arbeitsmigration	9.290,7	90,5
Erwägen eine Arbeitsmigration, und zwar	977,0	9,5
– völlig hypothetisch	580,1	5,6
– recht hypothetisch	262,7	2,6
– höchstwahrscheinlich	134,2	1,3
Höchstwahrscheinlich Migration		
– auf Dauer	33,4	0,3
– zeitlich begrenzt	100,8	1,0
Mit Unterkunft	88,2	0,9
Als Pendler	12,6	0,1

Quelle: Baštýř (Hrsg.) 2001; Band Ia – Synthetischer Teil.

Nach seiner Einschätzung kann »das absolute höchstwahrscheinliche Migrationspotenzial (134,2 Tsd. Personen, das sind 1,3% der Bevölkerung) [Y] gegenwärtig (2000) als Umfang des Interesses der tschechischen Bevölkerung an einer Migration ins Ausland angesehen werden« (Baštýř 2001 [Hrsg.], S. 60). Die maximal wahrscheinliche jährliche Kapazitätsobergrenze der Arbeitsmigration ins Ausland bewegte sich im Jahr 2000 ungefähr zwischen 25.000–30.000 Personen, d.h. im Umfang von ca. 0,25% der Bevölkerung und 0,5% der Arbeitskraft der Tschechischen Republik. Im Verlauf der kommenden 5 bis 10 Jahren wird die jährliche Migrationskapazität höchstwahrscheinlich um 20% auf unter 20.000 sinken (Baštýř 2001 [Hrsg.], S. 66).

»Soviel Mobilität wie möglich, soviel Schutz wie nötig« Die Übergangsfristen bei der Einführung der Arbeitnehmerfreizügigkeit

Die vorliegenden Zahlen deuten darauf hin, dass die Zuwanderung aus Tschechien kein ernstes Problem für den deutschen Arbeitsmarkt darstellen wird. Größere Unsicherheit besteht bezüglich des Pendleraufkommens in den bayrischen und sächsischen Grenzregionen. Um schockartig wirkende »Überraschungen« auf sektoraler und regionaler Ebene zu vermeiden, sollte die Migration in ihrem

Umfang überwacht und eventuell gesteuert werden können. Vor diesem Hintergrund stellte Bundeskanzler Schröder am 28.12.2000 auf einem Regionaltreffen in der Oberpfalz die Forderung nach einer siebenjährigen Übergangsfrist bis zur Gewährung der vollen Arbeitnehmerfreizügigkeit nach dem Beitritt der MOEL zur EU[40]. Dies traf bei den tschechischen Nachbarn auf zum Teil harsche Kritik: Die Verweigerung des Rechts auf freie Arbeitsplatzwahl innerhalb der Union nach dem Beitritt führe dazu, dass man sich als EU-Bürger 2. Klasse diskriminiert fühle.

Dabei war eine Übergangsregelung bei der Einführung der Arbeitnehmerfreizügigkeit von vornherein absehbar. Die europaweite Mobilität des Faktors Arbeit wurde zwar von Anfang an in Artikel 48 des Gründungsvertrags der Europäischen Wirtschaftsgemeinschaft (1957) aufgenommen, die Verwirklichung dieses Freizügigkeitsrechts erfolgte aber in 3 Etappen bis 1968. Auch beim Beitritt Spaniens, Portugals und Griechenlands betrug die Übergangsfrist ursprünglich 7 Jahre[41]. In den Beitrittsverhandlungen mit den MOEL war die Frage der Arbeitnehmerfreizügigkeit die erste Übergangsregelung, die die jetzigen Mitgliedstaaten der EU ihrerseits eingefordert haben, während die MOEL in anderen Bereichen auf zahlreiche weitreichende Übergangsfristen bis zur vollen Anwendung des *acquis communitaire* (Gemeinschaftsrechts) bestehen.

Auf europäischer Ebene wurden verschiedene Übergangsmodelle diskutiert, die von der sofortigen Anwendung des Freizügigkeitsrechts in vollem Umfang, über Sicherheitsklauseln, Quotensysteme bis hin zur generellen Aussetzung des *acquis* für einen begrenzten Zeitraum reichten (vgl. Europäische Kommission 2001b, S. 18ff.). Die gemeinsame Verhandlungsposition der EU-Mitgliedstaaten, die am 11. April 2001 angenommen wurde, deckt sich weitgehend mit dem vorläufigen Verhandlungsergebnis, das mit den Beitrittskandidaten erzielt wurde: Für alle MOEL gilt eine allgemeine Übergangsfrist von fünf Jahren ab dem jeweiligen Beitrittsdatum. In dieser Zeit dürfen die jetzigen Mitgliedstaaten ihre nationale Gesetzgebung im Hinblick auf den Zugang zum Arbeitsmarkt bzw. dessen Einschränkungen beibehalten. Nach Ablauf der ersten zwei Jahre erfolgt eine automatische Überprüfung der Situation durch die Europäische Kommission. Die 15 Mitgliedstaaten müssen dann im Rat einstimmig über eine vorzeitige Beendigung der Übergangsperiode abstimmen. Jedes Mitgliedsland kann während der allgemeinen fünfjährigen Übergangsfrist eine zusätzliche Überprüfung und Beschlussfassung des Rates beantragen. Nach Beendigung der allgemeinen Frist kann jedes Mitgliedsland für den Fall einer ernsthaften Störung seines Arbeitsmarktes durch die volle Arbeitnehmerfreizügigkeit eine Verlängerung der Übergangsfrist um maximal zwei weitere Jahre beantragen (vgl. Europäische Kommission 2001c).

Dieses »2+3+2«- Modell ist für die Tschechische Republik zwar keine optimale Lösung, aber auch kein politisches Desaster. Nach dem vorläufigen Ab-

---

40 Vgl. Anm.3 im Beitrag von Hönekopp im vorliegenden Band.

41 Ausführlicher zu den früheren Übergangsregelungen siehe Europäische Kommission (2001b, S. 14ff.)

schluss des Zweiten Beitrittsverhandlungskapitels (»Freizügigkeit«) mit der Tschechischen Republik am 26. Oktober 2001 waren die Reaktionen auf tschechischer Seite auffallend ruhig. Das Übergangssystem ist flexibel gestaltet, d.h. die derzeitigen Mitgliedstaaten können die neuen Mitgliedstaaten differenziert behandeln, nationale Maßnahmen auf einzelne Sektoren und Regionen beschränken oder den Zugang zu ihren Arbeitsmärkten für die Arbeitskräfte aus den MOEL schon ab dem Beitrittstermin voll liberalisieren. Letzteren Schritt haben Dänemark, Irland, Schweden und die Niederlande bereits offiziell angekündigt. Auch Italien zeigte sich offen für eine bilaterale Vereinbarung mit der Tschechischen Republik, was Signalwirkung für weitere Südländer der Union haben könnte (Směr Evropská unie 2002, S. 17).

Was Deutschland betrifft, so ist eine bis zu fünfjährige Übergangsfrist bis zur vollen Anwendung der Arbeitnehmerfreizügigkeit wahrscheinlich. Wenn sich herausstellt, dass die Anzahl der Pendlerinnen und Pendler aus Tschechien hinter den deutschen Erwartungen (Befürchtungen) zurückbleibt und keine gravierenden negativen Folgen für den Arbeitsmarkt in den Grenzregionen hat, dann wird es keinen Grund für eine Durchsetzung der siebenjährigen Übergangsfrist bei der Arbeitnehmerfreizügigkeit zwischen Tschechien und Deutschland geben.

Literatur

Alecke, Björn/Untiedt, Gerhard (2001a): Migration aus den EU-Beitrittsländern Polen und Tschechien in die Europäische Union. Potential und Verteilung. In: Riedel, Jürgen/ Untiedt, Gerhard (Hrsg.): EU-Osterweiterung und deutsche Grenzregionen, Gutachten des ifo Instituts für Wirtschaftsforschung. Dresden, S. 317–384.

Alecke, Björn/Untiedt, Gerhard (2001b): Pendlerpotential in den Grenzregionen an der EU-Außengrenze. Methoden, Ergebnisse und Prognosen. In: Riedel, Jürgen/Untiedt, Gerhard (Hrsg.): EU-Osterweiterung und deutsche Grenzregionen, Gutachten des ifo Instituts für Wirtschaftsforschung. Dresden, S. 385–422.

Baštýř, Ivo (2001): Das Migrationspotential der Bevölkerung der Tschechischen Republik. Modell des Migrationspotentials. In: Folgen des Beitritts der Tschechischen Republik in die EU auf die Beziehungen mit Österreich mit der Orientierung auf den Beschäftigungsgrad, Arbeitsmarkt und Migration. Abschlussbericht Band Ia – Analytischer Teil. Prag: Research Institute for Labour and Social Affairs.

Baštýř, Ivo (Hrsg.; 2001): Folgen des Beitritts der Tschechischen Republik in die EU auf die Beziehungen mit Österreich mit der Orientierung auf den Beschäftigungsgrad, Arbeitsmarkt und Migration. Abschlussbericht Band Ia – Synthetischer Teil. Prag: Research Institute for Labour and Social Affairs.

Boeri, Tito/Brücker, Herbert (Hrsg.; 2000): The Impact of Eastern Enlargement on Employment and Labour Markets in the EU Member States. Final Report of the European Integration Consortium (DIW u.a.). Berlin/Milano.

Bundesanstalt für Arbeit (2001): Ausländische Arbeitnehmer in Deutschland. Jahresbericht 2001, ibv Nr. 50 vom 12.12.2001, Nürnberg, S. 3771–3826.

Europäische Kommission (2001a): Regelmäßiger Bericht 2001 über die Fortschritte der Tschechischen Republik auf dem Weg zum Beitritt. KOM (2001) 700 endg. vom 13.11.2001 – SEK (2001) 1746, Brüssel.

Europäische Kommission (2001b): Free movement of workers in the context of enlargement. Information note vom 6.3.2001. Brüssel. Online in Internet: URL: http://www.europa.eu.int/ comm/enlargement/docs/pdf/migration_enl.pdf> (Stand: 25.06.02).

Europäische Kommission (2001c): Commission proposes flexible transitional arrangements for the free movement of workers. Pressemitteilung der Generaldirektion Erweiterung vom 11.4.2001, Brüssel. Online in Internet: URL: http://www.evropska-unie.cz/eng/article.asp ?id=704> (Stand: 06.07.02).

Fassman, Heinz/Hintermann, Christiane (1997): Migrationspotential Ostmitteleuropa. Struktur und Motivation potentieller Migranten aus Polen, der Sowakei, Tschechien und Ungarn. ISR-Forschungsberichte Heft 15. Wien: Institut für Stadt- und Regionalforschung.

Franzmeyer, Fritz/Brücker, Herbert (1997): Europäische Union. Osterweiterung und Arbeitskräftemigration, DIW-Wochenbericht Nr. 5/97, Berlin.

Regierungsrat für Sozial- und Wirtschaftsstrategie (2001): Socialní a ekonomické dopady integrace České republiky do Evropské unie. Nové příleśitosti, mośná risika (Soziale und wirtschaftliche Folgen der Integration der Tschechischen Republik in die Europäische Union. Neue Möglichkeiten, mögliche Risiken). Prag.

Směr Evropská unie (2002) (Die Richtung der Europäischen Union). Interview mit Pavel Telička. In: Mezinárodní Politika Nr. 5/02. Prag: Institute of International Relations.

Sinn, Hans-Werner (Hrsg.; 2001): EU-Erweiterung und Arbeitskräftemigration. Wege zu einer schrittweisen Annäherung der Arbeitsmärkte. München: ifo Institut für Wirtschaftsforschung.

Vavrečková, Jana/Fischlová, Drahomíra/Janata, Zdenék (2002): Das Migrationspotential im Grenzgebiet der Tschechischen Republik an der Staatsgrenze zu Deutschland. Analysen einer Feldstudie. Prag: Research Institute for Labour and Social Affairs.